Michaela Sambanis
Maik Walter

In Motion
Theaterimpulse zum Sprachenlernen

Von neuesten Befunden
der Neurowissenschaft
zu konkreten Unterrichtsimpulsen

Cornelsen

DIE AUTOREN

Univ.-Prof. Dr. Michaela Sambanis lehrt Didaktik des Englischen an der Freien Universität Berlin am Institut für Englische Philologie, Fachbereich Philosophie und Geisteswissenschaften. Theatermethoden und empirisch forschende Ansätze spielen in ihren Lehrveranstaltungen eine wichtige Rolle. Das Aufschlüsseln von Wissensbeständen aus Neurowissenschaft, Didaktik, Psychologie und Pädagogik für die Praxis steht im Zentrum ihrer Arbeit. (Univ.-Prof. Dr. Michaela Sambanis, Didaktik des Englischen, Freie Universität Berlin, Institut für Englische Philologie, FB Philosophie und Geisteswissenschaften, Habelschwerdter Allee 45, 14195 Berlin)

Maik Walter ist Direktor der Gilberto-Bosques-Volkshochschule in Berlin Friedrichshain/Kreuzberg und leitet dort zudem den Programmbereich Politik, Gesellschaft und Theater. Er verbindet seit vielen Jahren Fremdsprachendidaktik und Theaterpädagogik, leitet Workshops und Lehrveranstaltungen zu Theatermethoden im Unterricht im In- und Ausland. (Maik Walter, Gilberto-Bosques-Volkshochschule, Berlin Friedrichshain-Kreuzberg, Frankfurter Allee 37, 10247 Berlin)

Projektleitung: Marion Clausen, Berlin
Redaktion: Stefan Giertzsch, Werder (Havel)
Zeichnungen von Anastasia Sambanis
Umschlagkonzept/-gestaltung: Corinna Babylon, Berlin
Coverfoto und S. 1, 7, 32, 33, 50, 57, 77: Shutterstock/kstudija
Layout/technische Umsetzung: Thomas Krauß, krauß-verlagsservice, Ederheim/Hürnheim

www.cornelsen.de

2. Auflage 2020

© 2019 Cornelsen Verlag GmbH, Berlin

Druck: AZ Druck und Datentechnik GmbH, Kempten

ISBN 978-3-589-16550-6

PEFC zertifiziert
Dieses Produkt stammt aus nachhaltig
bewirtschafteten Wäldern und kontrollierten
Quellen.

PEFC™
PEFC/04-31-2260

www.pefc.de

Inhalt

3 Teenager als Zielgruppe 57

Anstelle eines Vorworts ...

Liebe Leserin, lieber Leser,

wir freuen uns, dass Sie sich entschieden haben, das Buch *In Motion – Theaterimpulse zum Sprachenlernen. Von neuesten Befunden der Neurowissenschaft zu konkreten Unterrichtsimpulsen* zu lesen oder zumindest reinzuschauen. Als Autorentandem finden wir das natürlich sehr begrüßenswert, gratulieren Ihnen zu der Entscheidung und sagen danke, dass Sie sich mit dem Gedanken tragen, eine Portion Ihrer Zeit in die Lektüre unseres Buches zu investieren.

Damit Sie sich schnell in dem Werk orientieren und Ihre Lesezeit effektiv nutzen können, möchten wir Ihnen ein paar Informationen zu *In Motion* geben:

Der Band richtet sich an Lehrende und Studierende, an Referendarinnen und Referendare, an Dozierende, Entscheidungstragende und an alle Gestalterinnen und Gestalter von Sprachunterricht im Deutschen oder in einer Fremdsprache. *In Motion* stellt Impulse für sprachförderlichen Unterricht in Form von lebhaften, theaterpädagogisch inspirierten Interaktions- und Kommunikationsanregungen vor, die besonders in der Sekundarstufe eingesetzt werden können – teils mit Adaption auch schon in der Grundschule oder in der Erwachsenenbildung. Auch zum Einbezug von Herkunftssprachen werden einige Vorschläge gemacht und Hintergrundinformationen gegeben.

Das Besondere an *In Motion* ist die konsequente Verbindung zwischen Praxis und Forschung: Der Band beschränkt sich nicht auf das Zusammentragen von Theaterimpulsen, sondern ordnet diese systematisch drei thematischen Schwerpunkten zu (*Embodied Learning*, Aufbau von Gedächtnisinhalten, Sprachenlernen im Jugendalter). Hierzu werden, verständlich und kompakt, bildungsrelevante Erkenntnisse aus den Neurowissenschaften, der Didaktik sowie der Psychologie vorgestellt, und die vorgeschlagenen Praxisimpulse werden an die Wissensbestände rückgekoppelt.

Das Verbinden von Wissenschaft und Praxis stellt eine besondere Herausforderung dar. Für *In Motion* wurde dafür folgende Form gewählt:

Jedes Kapitel beginnt mit einem kompakten wissenschaftlichen Teil, der auf Prägnanz und Lesbarkeit zielt. Darauf folgen ausgewählte Theaterimpulse, ergänzt durch einige Anmerkungen zu deren didaktischem Hintergrund. Jedes Kapitel schließt mit einem *Neurodidaktischen Kommentar*, der die angelegten Verbindungen zwischen wissenschaftlichen Befunden und Unterrichtsaktivitäten abrundet. Hier werden vertiefende und weiterführende Fragen im Spektrum des Kapitelschwerpunkts beantwortet.

Durch diese Struktur möchte *In Motion* die Möglichkeit geben, als Gesamtwerk oder auch Interessenschwerpunkten folgend rezipiert werden zu können. Beispielsweise ist es möglich, wenn Sie als Leserin oder Leser vor allem an den wissenschaftlichen Erkenntnissen interessiert sind, den ersten Teil der Kapitel zu lesen, ergänzt durch den abschließenden *Neurodidaktischen Kommentar*. Als Praktikerin oder Praktiker können Sie, sollte die fürs Lesen zu erübrigende Zeit knapp sein, Ihr Hauptaugenmerk auf die Impulse für den Unterricht richten. Möchten Sie etwas über die Hintergründe und über mögliche Argumente für den Einsatz der geschilderten Aktivitäten im Unterricht erfahren, finden Sie Antworten jeweils im ersten und letzten Teil der Kapitel.

Im Text sind Hinweise auf Quellen eingearbeitet, bei denen sich ein Weiterlesen oder Nachschauen aus unserer Sicht lohnt. Die vollständigen Angaben finden sich in der Gesamtbibliografie am Ende des Buches bzw. Internetquellen zumeist direkt im Text.

Eine Abrundung erfährt *In Motion* durch die Illustrationen, die als einprägsame Gedankenanker gedacht sind bzw. zur Verdeutlichung von Abläufen und Anweisungen bei Theaterimpulsen. Wir hoffen, sie gefallen Ihnen und danken Frau Anastasia Sambanis für die Anfertigung der Zeichnungen. Unser Dank gilt außerdem Frau Laura Wendland, die uns beim Formatieren unterstützt und mit strengem Blick das Manuskript auf Fehler durchforstet hat.

Nun aber genug der Vorrede, wir wünschen Ihnen viel Freude bei der Lektüre.

Mit herzlichen Grüßen aus Berlin!

Michaela Sambanis & Maik Walter

Embodied Cognition – Lernen ist nicht nur Kopfsache

Jeder weiß aus eigener Erfahrung, dass der Körper unsere Stimmung und unsere Wahrnehmung beeinflusst. Aus der Sozialpsychologie liegen vielfältige interessante Befunde dazu vor. Hält man beispielsweise einen Bleistift quer zwischen den Vorderzähnen (so kann der Stift am bequemsten zwischen den Zähnen gehalten werden), dann zwingt uns das zum Lächeln. Eine Bewegung wird ausgeführt, in diesem Fall im Bereich der Mimik, die Information *Lächeln* ans Gehirn weitergeleitet und das Wohlbefinden gesteigert. Bei Messungen zeigte sich eine Reduktion des Stresshormonlevels, was ein Beleg dafür ist, wie der Körper Einfluss u. a. auf die Stimmung nimmt.

Auch am Lernen ist der Körper maßgeblich beteiligt, man spricht von *Body-Mind-Interaction*. Ohne den Körper wäre das Gehirn isoliert. Körper und Gehirn bilden sozusagen eine funktionale Einheit, und letztlich ist „[u]nsere Körperlichkeit [...] der Ausgangspunkt [...] für unsere Gedanken" (EAGLEMAN 2017: 182). Kognition ist also etwas Verkörperlichtes (*Embodied Cognition*). Der naheliegende Schluss hieraus lautet, frei nach Saint-Exupéry formuliert: Wir lernen nicht nur mit den Hirnen gut. Oder anders gesagt: Liebe geht durch den Magen und Lernen durch den Körper.

1

1.1 Was bedeutet *Embodied Cognition* für das Sprachenlernen?

Die Idee, den Körper beim Lernen nicht auszublenden und Bewegungen im Fachunterricht einzusetzen, ist nicht neu und u. a. schon in reformpädagogischen Ansätzen zu finden (vgl. LEITZKE-UNGERER 2017). Allerdings fristet diese Form des Lernens in der Praxis, gerade in der Sekundarstufe, noch ein Nischendasein. Bewegung wird nach wie vor als Ressource im Fachunterricht nicht oder nur wenig eingesetzt. Dass insbesondere mit dem Ausblenden von Bewegungen ein wesentlicher Lernzugang und -unterstützer ungenutzt bleibt, zeigen Studien neueren Datums (für eine Zusammenfassung des aktuellen Forschungsstandes vgl. ARNDT/SAMBANIS 2017).

Bewegungen können das Aufnehmen, Verarbeiten und Abspeichern verschiedenster Lerninhalte unterstützen, sodass diese zu soliden, gut abrufbaren Gedächtnisinhalten werden. Mit Bewegungen, Handlungskoppelung etc. gelernte Inhalte werden außerdem in der Regel nicht so schnell wieder vergessen. Sie erweisen sich oft als erstaunlich vergessensresistent (vgl. ARNDT/SAMBANIS 2017). Eine enge Verbindung zu Gestik, Mimik etc., also Formen des körperlichen Ausdrucks, ist im Kontext des Sprachenlernens und der Sprachförderung besonders wichtig, denn Sprache und Körper hängen eng zusammen. Das zeigt sich beispielsweise daran, dass man in der Kommunikation mit anderen Menschen keineswegs nur auf das Gesagte achtet, sondern vielmehr, manchmal sogar vorrangig, auf das, was jenseits der Wörter liegt und über den Körper kommuniziert wird: Mimik, Gestik usw. Sprachenlernen und Sprachförderung darf sich daher nicht auf das Lehren sprachlicher Mittel beschränken, sondern muss auch den körperlichen Ausdruck als natürlichen, ständigen und zentralen Baustein von Kommunikation mit in den Blick nehmen. Nun handelt es sich hierbei nicht um eine jener Forderungen, die der Lehrkraft ein weiteres Aufgabenpaket auferlegen, sondern verkörperlichtes Lernen besitzt ein hohes Potenzial, ist einfach umzusetzen, es kann maßgeblich zum Lernerfolg beitragen und damit gerade sprachliches Lernen unterstützen. Im Folgenden werden Potenziale und Umsetzungsmöglichkeiten des Lernens mit Bewegung aufgezeigt und konkretisiert.

1.2 Aufforderungen aktivieren das Gehirn auf besondere Weise

„Aufforderungen interessieren und aktivieren das Gehirn mehr als reines Benennen", fasst der renommierte Forscher Friedemann Pulvermüller den Zusammenhang zwischen Handlung und Lernen zusammen (vgl. PULVERMÜLLER 2016). Das Gehirn reagiert anders auf einen Impuls, der zu einer Handlung veranlasst (z.B. „Nimm Dir einen Apfel."), als auf einen Impuls, der z.B. lediglich auf das Benennen oder Übersetzen eines Wortes zielt (der Apfel – *the apple*).

▶▶

◀◀

Abb. 1: *Benennen oder Handlungskoppelung*

Pulvermüller gibt damit als einer der führenden Spezialisten auf dem Gebiet der Erforschung von Sprache im Gehirn einen enorm wichtigen Hinweis, der, auf den Unterricht übertragen, dazu aufruft, kognitive Sprachleistungen mit echten Aufforderungen, mit Handlungs- und Bewegungsimpulsen zu verknüpfen.

Verschiedene Wissenschaftlerinnen und Wissenschaftler arbeiten intensiv an der Erforschung der Verbindung zwischen Sprache und Handlungserfahrung. Unter dem Überbegriff *Embodied Cognition* oder *Embodiment* werden Erkenntnisse zusammengefasst, die belegen, dass das, was wir lernen, nicht isoliert bleibt, sondern mit sensorischen Eindrücken und motorischen Informationen verbunden verarbeitet und entsprechend im Gehirn repräsentiert wird. Im Folgenden wird erklärt, wie konkrete, verkörperlichte Eindrücke das Einspeichern und Verarbeiten unterstützen, in manchen Fällen offenbar sogar bedingen, d. h. zumindest eine tiefere Verarbeitung würde sonst möglicherweise nicht gelingen.

1.3 Konkrete und abstrakte Begriffe

Während es für konkrete Begriffe sofort nachvollziehbar erscheint, dass sie mit einer Handlung verbunden gespeichert werden (man beißt in einen Apfel, man zieht sich seine Socken an usw.), liegt eine Verbindung zur Handlungsebene bei abstrakten Begriffen nicht unmittelbar auf der Hand. Interessanterweise lassen sich aber ebenso bei abstrakten Begriffen sowie bei Funktionswörtern Verbindungen zur Wahrnehmungs- und Handlungserfahrung nachweisen. Dem Psychologen Markus Kiefer zufolge (vgl. BÖTTGER/SAMBANIS 2018) wird das Verständnis von abstrakten Begriffen häufig erst durch konkrete Situationen hergestellt. Es entwickelt sich durch die Verknüpfung mit einer konkreten Situation, auf die sich der abstrakte Begriff bezieht. Als Beispiel ließe sich das deutsche Wort *Schadenfreude* anführen, das auch im Englischen gebraucht wird, oftmals nuanciert in Abgrenzung zu *to gloat*. Der abstrakte Begriff lässt sich am besten verstehen durch das Erleben, Nachstellen oder In-Erinnerung-Rufen einer konkreten Situation, in der einer Person – am besten eine, die sich vorher unbeliebt gemacht hat – ein kleines Missgeschick passiert. Dieses Missgeschick beschert den übrigen Personen eine Art Genugtuung in Form von Schadenfreude.

Jeder kann sich eine solche Situation samt möglichen mimisch-gestischen Reaktionen vorstellen, durch die die Schadenfreude erkennbar wird. Das Wort *Schadenfreude* wird dadurch verkörpert (*Embodiment*), und der Begriff wird über diese Verbindung zur konkreten Situation nebst Handlungen, Bewegungen, sensorischen Informationen etc. erfassbar und definierbar. Neurowissenschaftliche Befunde, u. a. von Kiefer (vgl. BÖTTGER/SAMBANIS 2018), belegen, dass auch abstrakte Begriffe tatsächlich zu entsprechenden motorischen und visuellen Aktivierungen im Gehirn führen. In der Erforschung von *Embodied Cognition* verdichten sich die Befunde, die nachweisen, dass Köper und Gehirn beim Hervorbringen kognitiver Leistungen zusammenwirken und nicht als getrennte, voneinander isolierte Einheiten betrachtet werden können (vgl. HÄFNER 2013: 255).

Bis vor einiger Zeit wurde übrigens vielfach die Annahme vertreten, dass gerade abstrakte Begriffe ohne Verknüpfung mit konkreten Wahrnehmungen, Handlungen und Sinnesinformationen gespeichert würden. Die neuen Befunde zu *Embodied Cognition* widersprechen dieser Annahme und veranlassen, übertragen in die Praxis des Lehrens und Lernens, zu folgendem Schluss:

Der Körper ist ein wichtiges *Learning Tool* (vgl. MACEDONIA 2014: 4) als Empfänger sensorischer Eindrücke sowie aufgrund seiner motorischen Möglichkeiten (Ausführung von Bewegungen und Handlungen). Über die sensorischen Eindrücke, d. h. über den Körper, gelangen ständig Impulse von außen zum Gehirn. Das Gehirn überträgt die Umweltsignale, die über den Körper in Form von Sinneswahrnehmungen aufgenommen werden, in elektrochemische Signale, in Aktivierungsmuster und damit in die Sprache der Neuronen (dazu gibt Kap. 2 weitere Informationen). Dieser Prozess ist ständig im Gange, das Gehirn bekommt ununterbrochen Informationen über den Körper, und der Körper ist das Medium, durch welches das Gehirn in Kontakt zur Umwelt steht. Wie das obige Beispiel des Erfassens eines abstrakten Begriffs gezeigt hat, sind Denken und Sprache untrennbar mit Wahrnehmungs- und Handlungserfahrungen verwoben. Diese kommen im Kontakt mit der Umwelt zustande und sind eine notwendige Bedingung für erfolgreichen Spracherwerb, für Hirnentwicklung, Konzeptbildung u. v. m.

1.4 *Embodied Learning*

Dass der Körper unsere Stimmung, unsere Wahrnehmung sowie das Lernen beeinflusst, ist, wie oben schon kurz angedeutet, u. a. durch sozialpsychologische Arbeiten nachgewiesen. Vielleicht haben Sie schon einmal von Studien gehört, die belegen, dass man sich z. B. besser fühlt, wenn man sich beim Händewaschen freundlich im Spiegel anlächelt. Dadurch erhält das Gehirn die optische Information eines wahrgenommenen Lächelns, außerdem fühlt man das Lächeln als motorische Aktivität. Einen ähnlichen positiven Effekt erzielt man beim oben geschilderten Halten eines Bleistifts quer zwischen den Vorderzähnen.

In anderen Forschungsarbeiten, die den Zusammenhang zwischen Körper und Denken untersucht haben, wurde z. B. nachgewiesen, dass man, wenn man auf einem harten Stuhl sitzt, dazu tendiert, in Verhandlungen kompromissloser zu sein, als wenn man dasselbe Gespräch in einem bequemen Sessel sitzend führt (vgl. EAGLEMAN 2017: 95). Solche Studien – es gibt noch viel mehr in dem Feld – zeigen, wie grundlegend das verkörperte Denken, *Embodied Cognition*, ist.

Auf den pädagogischen Kontext übertragen, kann von *Embodied Learning* gesprochen werden. Darunter können Lernereignisse subsummiert werden, in denen z. B. ein haptisch herausfordernder, angenehmer oder außergewöhnlicher Gegenstand zum Einsatz kommt. Interessant, aber noch nicht ausreichend erforscht und schwerer umzusetzen, ist in diesem Zusammenhang auch die Frage nach der Wirkung von Gerüchen: Zwischen Gerüchen und dem Emotionssystem des Gehirns (limbisches System) besteht nämlich eine besondere Verbindung, und Emotionen beeinflussen Lernprozesse bekannterweise maßgeblich. Alle anderen Sinneswahrnehmungen laufen direkt durch den Thalamus, nur Gerüche werden zunächst über das limbische System, insbesondere die Amygdala, geleitet. Teile der Amygdala zählen nicht nur zum limbischen System, sondern gehören auch zum Riechhirn. Daher gilt: „Wir riechen immer mit Gefühl" (BECK ET AL. 2016: 48).

Besser erforscht und leichter umzusetzen ist *Embodied Learning* indessen in Form von bewegtem Lernen. Der Körper ist für Bewegungen geschaffen, dafür ausgestattet und auf Bewegungsausführung programmiert. Entsprechend prominent ist Bewegung im Gehirn verortet: „Etwa ein Drittel des Gehirns ist mit der Planung, Koordination und Ausführung von Bewegungen befasst. Warum sollte man das im Unterricht nicht bewusst adressieren?" (ARNDT/SAMBANIS 2017: 146).

1.5 Bewegungen als Lernzugang

Die Zuordnung einer Bewegung zu einem Lerninhalt (z. B. in Fällen, in denen es nicht gelingen will, eine neue Vokabel zu lernen) oder das Sichtbarmachen von Personenkonstellationen und Handlungsabläufen durch Standbilder bei der Arbeit mit literarischen Texten sind nur zwei Beispiele, wie *Embodied Learning* umgesetzt werden kann. Im anschließenden Praxisteil werden weitere konkrete Vorschläge gemacht. Studien (vgl. MACEDONIA 2014) weisen darauf hin, dass es wichtig ist, die Koppelung eines Inhalts mit einer Bewegung im Aneignungsprozess stabil zu halten, d. h. eine einmal zugeordnete Bewegung nach Möglichkeit nicht mehr oder nur geringfügig zu variieren. Außerdem sollten sich Bewegung und Inhalt stimmig miteinander verbinden lassen, z. B. indem die Bewegung die Bedeutung eines Wortes darstellt oder einen typischen Verwendungskontext simuliert (vgl. hierzu das Beispiel zu *Schadenfreude* weiter oben). Der Praxisimpuls *Was machst du da?*, der weiter unten vorgestellt wird (vgl. P 3), zeigt, wie man bei schon vertrautem Sprachmaterial den Anspruch erhöhen und eine besondere Herausforderung schaffen kann, indem das sonst gültige Grundprinzip der Kongruenz von Äußerung und zugeordneter Bewegung planvoll für die Dauer der Aktivität aufgebrochen wird.

Von zentraler Bedeutung bei der Nutzung von Bewegungen ist, dass die Lernenden selbst aktiv werden, sich nicht auf die Rolle eines Beobachters beschränken, sondern die Bewegungen tatsächlich ausführen und dabei die zugeordneten Inhalte wiederholen und zwar mehrfach (zu Sprache und Bewegung vgl. ZIMMER 2018).

Verarbeitungs- und behaltensförderliche Effekte von bewegtem Lernen wurden für Fremdsprachen und weitere Unterrichtsfächer, z. B. Mathematik, nachgewiesen (für einen Überblick über aktuelle Befunde vgl. ARNDT/SAMBANIS 2017). Besonders die Behaltensleistung über die Zeit hinweg profitiert von *Embodied Learning*, d. h. es ist in der Regel ein geringerer Verwaschungseffekt festzustellen als beim Lernen ohne Bewegungen. In anderen Worten: Es bleibt auf Dauer mehr hängen! Die Lernenden vergessen Inhalte, die sie sich durch Bewegungen mit unmittelbarer Wahrnehmungs- und Handlungserfahrung gekoppelt erschließen konnten, zumeist nicht so schnell wieder und können auch flexibel und rasch auf diese Inhalte zugreifen.

1.6 Warum wirken Bewegungen so?

Durch die Bewegung wird im Gehirn, zumeist in Ergänzung zur visuellen und auditiven Spur (z. B. werden neue Wörter im Unterricht oft angeschrieben und/oder ein Bild dazu gezeigt sowie vorgesprochen), eine weitere, nämlich eine motorische Spur angelegt, was, wie Studien zeigen (vgl. verschiedene Beiträge in RÖTTGER/ SAMBANIS 2018), das Lernen befördern kann. Beim bewegten Lernen kommen außerdem sensorische Eindrücke durch die Wahrnehmung der eigenen Bewegung hinzu. Das Gehirn verknüpft sensorische Eindrücke mit motorischen. So wird insgesamt eine Verstärkung der Repräsentation im Gehirn erreicht, die sich durch besseres Behalten, auch längerfristig, bemerkbar macht und dem Vergessen entgegenwirkt.

Damit ist die Frage, warum *Embodied Learning* in Form von bewegtem Lernen pädagogisch und didaktisch erstrebenswerte Wirkungen zeigt, zum Teil beantwortet. Es gibt aber sozusagen noch einige Nebeneffekte, die ebenfalls beitragen: Durch Bewegungen werden Inhalte lebendig, was das Verstehen von Inhalten sowie das Bilden von Assoziationen und von Verbindungen erleichtern kann. Außerdem werden alle Lernenden aktiviert, da sie die Bewegungen selbst ausführen müssen und nicht nur beobachten, damit sich die Effekte voll entfalten können. Das Ausführen von Bewegungen wiederum regt das Wachheitssystem im Gehirn an, was für die Ausrichtung von Aufmerksamkeit und das Erbringen von Konzentration wichtig ist. Zum einen ist dieses System an der „unspezifischen allgemeinen Wachheit oder Müdigkeit beteiligt" (ARNDT/SAMBANIS 2017: 60), zum anderen kann es aber auch, unter Nutzung von Botenstoffen, die Großhirnrinde „in einen Zustand erhöhter Aktivierung" (ebd.) versetzen und dadurch, einfach gesagt, das Gehirn wach und aufnahmefähig machen. Das aufsteigende retikuläre Aktivierungssystem, wie es in der Fachsprache genannt wird, trägt dazu bei, dass Aufmerksamkeit erbracht bzw. aufrechterhalten werden kann. Das Wachheitssystem lässt sich übrigens schon durch einfache Bewegungen anregen, beispielsweise die im Praxisimpuls *Die magische Sieben* (vgl. P1) beschriebenen.

1.7 Hat das Gehirn eine Abneigung gegen Wiederholungen?

Diese Frage, die übrigens mit ja zu beantworten ist, scheint auf den ersten Blick aus dem thematischen Kontext zu fallen. Tatsächlich besteht aber eine enge Verbindung zwischen der Aversion Wiederholungen gegenüber und dem Einsatz von Bewegungen, wie im Folgenden kurz und kompakt gezeigt werden soll.

Das Gehirn steht besonders bei Inhaltswissen Wiederholungen kritisch gegenüber. Es sträubt sich sozusagen, dafür Energie aufzuwenden, weil es ursprünglich, das ist gewissermaßen in seinem Grundprogramm festgelegt, immer nach Neuem Ausschau hält und dafür die verfügbare Energie nutzen möchte. Das ist im Grunde sinnvoll, allerdings zugleich auch eine schlechte Nachricht für alle, die Lernen befördern wollen. Schließlich weiß jeder, dass Üben und Wiederholen unverzichtbar sind, um vorankommen zu können: Werden Gedächtnisinhalte nicht z. B. durch Wiederholen und Anwenden genutzt, vergessen wir sie nämlich über kurz oder lang. „Der Gedächtnisspeicher zerfällt und zwar anfangs schnell und später langsamer" (ARNDT/SAMBANIS 2017: 187). Durch Vergessen sorgt das Gehirn dafür, dass Kapazitäten wieder frei gegeben werden und Raum für Neues geschaffen wird (weitere Informationen hierzu finden sich in Kap. 2).

Möchte man erreichen, dass etwas dauerhaft gespeichert wird, so gibt es zwei Möglichkeiten, um Löschmechanismen entgegenzuwirken: Entweder, die erste Begegnung mit einem Inhalt ist derart eindrucksvoll (kognitiv stimulierend und von emotionaler Qualität), dass das Ereignis sogleich solide eingespeichert wird oder es bedarf, daran ist nicht zu rütteln, vieler Wiederholungen der Inhalte. Während im ersten Fall die Erinnerung meist ohne Anstöße von außen immer wieder wachgerufen wird, was letztlich auch einem Wiederholungseffekt gleichkommt, muss in den übrigen Fällen für Wiederholung der Inhalte, die nicht vergessen werden sollen, gezielt gesorgt werden. Übungen und Wiederholungen führen dazu, dass die neuronale Repräsentation, die für einen Inhalt im Gehirn aufgebaut wurde, erneut aktiviert, bei Bedarf auch erweitert und aktualisiert wird. Dies sorgt dafür, dass die Repräsentation bei jeder Reaktivierung stabiler wird, dass das Gehirn sie mit dem Label „wichtig, könnte man noch brauchen" belegt und vom Löschen absieht.

Forschungsarbeiten der letzten Jahre (vgl. ARNDT/SAMBANIS 2017: 187) erlauben es im Übrigen, ein Zeitfenster zu definieren, in dem das Wiederholen besonders wichtig ist, um Repräsentationen vor Löschmechanismen zu bewahren: Besonders fragil sind Gedächtnisinhalte in den ersten Tagen und Wochen. Positiv formuliert bedeutet das: Gedächtnisinhalte, die die ersten Tage oder Wochen überstehen, bleiben in vielen Fällen dann auch längerfristig erhalten. Diese Erkenntnis deckt sich hervorragend mit dem Erfahrungswissen von Lehrkräften: Wenn etwas Neues thematisiert wurde, muss es geübt, wiederholt und möglichst variabel angewendet werden, dabei können die Übungsintervalle mit der Zeit immer größer werden. Aber gerade beim anfänglichen Üben, z. B. dem mehrfachen Wiederholen neuer Wörter, zeigen sich die Widerstände oftmals besonders deutlich, was ursächlich nicht zuletzt auf die oben beschriebene Wiederholungs-Vermeidungs-Tendenz des Gehirns zurückzuführen ist.

Durch das Verbinden der Lerninhalte mit Bewegungen lässt sich das Gehirn jedoch gewissermaßen überlisten: Durch vielfältige Erfahrungen (z. B. Schlittschuh- oder Fahrradfahrenlernen), verfügt das Gehirn über das Wissen, dass motorische Abläufe wiederholt werden müssen. Es klassifiziert die Wiederholung motorischer Prozesse daher nicht als Energieverschwendung und sträubt sich nicht dagegen. Bei der Verknüpfung von Inhalten mit Bewegungen signalisiert man dem Gehirn, es gelte, motorische Abläufe zu trainieren. Klugerweise legt man beim Bewegungslernen aber sozusagen auf den Bewegungen die Lerninhalte ab. Während das Gehirn die Bewegungen trainiert, verarbeitet es zeitgleich die daran gekoppelten Inhalte.

1.8 Bewegung als Ausgleich

Obschon der Fokus des Kapitels auf dem Einbinden und Nutzen von Bewegungen als *Learning Tool* liegt, soll zumindest kurz ergänzend darauf hingewiesen werden, dass, belegt durch mehrere Metaanalysen, auch das Einbinden kleiner Bewegungsaktivitäten in den Fachunterricht eine sinnvolle Zeitinvestition darstellen kann (für einen Überblick vgl. ARNDT/SAMBANIS 2017: 129ff.). Werden die Lernenden zappelig oder müde, macht es mehr Sinn, den Unterricht für eine kurze Bewegungsaktivität – in der Regel genügen fünf Minuten – zu unterbrechen, als an der ursprünglichen Unterrichtsplanung festzuhalten. Bewegungsphasen zeigen nachweislich erfrischende Effekte, indem sie das Wachheitssystem des Gehirns anregen und im Anschluss eine Phase ermöglichen, in der es leichter fällt, wieder bei der Sache zu sein. Es zeigte sich außerdem, dass die kognitiven Leistungen profitierten, was ein weiterer Beleg für die enge, eingangs erwähnte *Body-Mind-Interaction* ist.

Nachstehend werden vier Praxisimpulse (P) im Kontext von *Embodiment* vorgestellt. Sie sind durch Theatermethoden inspiriert und verdeutlichen Möglichkeiten des verkörperlichten Sprachenlernens, insbesondere durch das Einbinden von Bewegungen. An die Praxisimpulse schließt sich jeweils eine kurze Erläuterung des didaktischen Hintergrunds an. Das Kapitel schließt mit einer Rückkoppelung zwischen Wissenschaft und Praxis in Form eines *Neurodidaktischen Kommentars*.

Die magische Sieben

P1

Die magische Sieben ist ein Kreisspiel, in dem sich Lernende bereits in den ersten Schritten in der Fremdsprache in der Bewegung loslassen und an der Bewegung beteiligen können. Die Gruppe steht entspannt im Kreis und die Lehrperson erklärt zunächst die Regeln:

Es wird, zunächst auf Deutsch, von 1 bis 7 gezählt, wobei die Zahl als ein Impuls im Kreis weitergegeben wird. Dabei ist wichtig, bei der Übergabe des Impulses Augenkontakt zu halten. Gleichzeitig tippt sich die Spielerin oder der Spieler mit der linken Hand leicht an die rechte Schulter, um zu zeigen, dass der Impuls nach rechts weitergeben wird. Oder aber die Spielerin oder der Spieler tippt sich mit der rechten Hand an die linke Schulter, um den Impuls nach links zu schicken. Der Impuls kann bei jedem Spielerwechsel die Richtung ändern. Nur bei der abschließenden *Magischen Sieben* gibt es eine andere Geste: Eine Hand zeigt nach links, die andere nach rechts. Die obere Hand gibt die Richtung des Impulses vor. Zeigt sie beispielsweise nach links, beginnt der Nachbar links wieder mit der Zahl 1, und das Zählen beginnt von vorn, von 1 bis 7.

Abb. 2: *Richtung anzeigen*

Der Spielleiter achtet zum einen auf das richtige Zählen und zum anderen auf die exakte Ausführung der Gesten, was die Präzision fördert, die beim Bearbeiten verschiedener Lernaufgaben oftmals verlangt wird (genau arbeiten, fokussiert sein) und eine Verbindung schafft zur Präzision im Bühnenbereich, die Schauspielerinnen und Schauspieler in ihrer Ausbildung als Berufsethos vermittelt bekommen. Fehler sind vorprogrammiert und nach einer Proberunde werden sie auch mit einer Runde Laufen um den Kreis geahndet. Beim gemeinsamen Lachen über die Fehler kann auch die bereits oben erwähnte Schadenfreude thematisiert werden.

In einer zweiten Phase kommt die fremde Sprache ins Spiel. Hierzu kommen die Zahlen von 1 bis 7 in einer fremden Sprache, z. B. Neugriechisch, zum Einsatz (vgl. Tabelle 1, Betonung im Griechischen durch den Akzent angezeigt).

ἕνα	ena	1
δύο	thio	2
τρία	tria	3
τέσσερα	tessera	4
πέντε	pende	5
ἕξι	exi	6
εφτά	efta	7

Tabelle 1: *Zahlen auf Griechisch*

Die Spielleiterin oder der Spielleiter demonstriert die Aussprache von ἕνα bis εφτά und verwendet dabei Wortkarten, die als Hilfe in den Innenkreis gelegt werden. Die sieben Wörter können zunächst chorisch eingeübt werden, bevor die Regeln der *magischen Sieben* auch in der fremden Sprache gelten. Es sollte darauf geachtet werden, dass die Wortkarten – und damit das stützende Gerüst – sukzessive verdeckt werden, beginnend mit der Zahl 1.

Für weitere Durchgänge des Spiels gibt es verschiedene Varianten, durch die der Schwierigkeitsgrad erhöht, die Fokussierung aufrecht erhalten und zugleich exekutive Funktionen, z. B. das rasche Umschalten, also *Shifting*, beim Wechsel der Richtung im Kreis trainiert werden können (zu exekutiven Funktionen vgl. den *Neurodidaktischen Kommentar* in Kap. 3). Beispielsweise kann beschlossen werden, eine Zahl nicht mehr laut auszusprechen oder es kann rückwärts gezählt werden. Möglich ist auch, eine vom Deutschen abweichende Familiensprache der Lernenden einzubeziehen und diese dadurch wertzuschätzen. Versuchen Sie verschiedene Variationen!

Der didaktische Hintergrund

Das Spiel ist eine der vielen Aufwärmaktivitäten aus dem Improvisationstheater, um in den Moment zu gelangen, nicht voraus- oder nachzudenken, sondern im Jetzt zu agieren. Eines der wesentlichen Ziele des Spiels ist das heitere Scheitern, denn Fehler sind vorprogrammiert und die Gruppe muss diese Fehler akzeptieren und einen Weg finden, um schnell wieder in einen *Flow* zu gelangen. Gerade für Jugendliche ist dieses Akzeptieren nicht einfach, verlässt man doch hier eine gesicherte Komfortzone. Die spielerische Art des Vorgehens und das gemeinsame Lachen – nicht Auslachen, sondern vielmehr ein erleichterndes An- oder Weglachen von Fehlern – erlaubt es jedoch, Fehler tatsächlich in diesem Setting als etwas Normales und nicht Beschämendes zu erleben, sodass das Wagnis, die Komfortzone zu verlassen und sich etwas zu trauen, im Rahmen dieser Aktivität als lohnend erlebt werden kann.

Bei der *Magischen Sieben* werden die Zahlwörter in der fremden Sprache ständig wiederholt, ohne dass es jedoch langweilig ist, denn das spielerische Vorgehen bildet eine Herausforderung, die durch das Steigern des Tempos und zusätzliche Regeln (beispielsweise das Ersetzen der Zahl 3 durch ein stummes Weitergeben des Impulses) aufrechterhalten werden kann. Interessanterweise sprechen die Spielerinnen und Spieler in den meisten Fällen die Wörter leise mit bzw. formen den Mund, wenn andere an der Reihe sind, sodass auch hier der Wiederholungseffekt durch *Embodiment* (motorisches Nachvollziehen der Sprechbewegung) in der gesamten Gruppe eintritt.

Der Vorschlag, *Die magische Sieben* zum Einbinden von Herkunftssprachen der Lernenden zu nutzen, ist ein sehr einfacher, kann aber im Klassenzimmer durchaus effektvoll sein. Den Lernenden kann damit ein Signal gegeben werden, dass Mehrsprachigkeit, insbesondere andere Herkunftssprachen, nicht als Hindernis gesehen werden, sondern als etwas Normales und Entdeckenswertes. Das Einbinden von Herkunftssprachen erfordert von den Lehrkräften Offenheit und Mut, denn in der Schule herrscht, in den Worten INGRID GOGOLINS (2008) gesprochen, ein monolingualer Habitus vor. Zugleich wird erwartet, dass Lehrkräfte den mitgebrachten Sprachen Raum geben. Wo aber soll man anfangen? Was ist im Rahmen der Unterrichtszeit möglich? Wie soll man Sprachen einbinden, die man selbst nicht kann?

Die Forschungen der letzten Jahre belegen, dass die Haltung der Lehrkräfte von grundlegender Bedeutung ist. Es zahlt sich aus, wenn die Schülerinnen und Schüler spüren (emotional) und verstehen (kognitiv), dass sie sich in einem „potenzialorientierten Unterricht" befinden, der „Sprache sowie Mehrsprachigkeit wertschätzend behandelt" (OLESCHKO 2017). Dabei geht es darum, Normalität der Vielfalt erlebbar zu machen und eine offene, von Neugier geprägte Grundhaltung zu zeigen.

Die magische Sieben eignet sich hierfür aus dem Grund in besonderer Weise, weil sie sich auf einfaches Sprachmaterial stützt: Die Zahlen von 1 bis 7 können die Kinder in der Regel in ihrer Familiensprache, auch wenn sie die Sprache sonst nicht fließend sprechen, sondern oftmals nur situationsspezifische Kenntnisse oder eher rezeptive Kompetenzen darin besitzen. Es ist wichtig, sich als Lehrkraft vor Augen zu halten, dass die Kinder die Familiensprache bzw. Herkunftssprache ihrer Eltern oftmals nicht fließend sprechen und keine Experten für die Sprache sind. Werden sie trotzdem von der Lehrkraft zu Experten erklärt, kann sie das überfordern und ggf. in eine unangenehme Lage bringen (vgl. ALLGÄUER-HACKL ET AL. 2015). *Die magische Sieben* ermöglicht ein Einbeziehen auf sehr basalem Niveau des alltäglichen Sprachgebrauchs, sodass eine Überforderung in der Regel nicht befürchtet werden muss, die Aktivität vielmehr Kompetenzerleben und Wertschätzung ermöglicht. Die Lehrkraft kann die Zahlen in der jeweiligen Zielsprache gerne googeln, um Fehler auszuschließen, bei Lücken Hilfe anbieten oder bei scherzhaften Einfällen (z. B. Schimpfwörter statt Zahlwörter) eingreifen zu können. Erfahrene Lehrkräfte werden bestätigen, dass es sich lohnt, mehr über die Herkunftssprachen in der Klasse zu wissen. Ausführliche Sprachportraits finden sich in den beiden Sammelbänden KRIFKA ET AL. (2014) sowie COLOMBO-SCHEFFOLD ET AL. (2008).

Wer bin ich? Wort und Geste

P2

Eine der ersten zu vermittelnden Sprachhandlungen im (Fremd-)Spra-chenunterricht ist das Sich-Vorstellen. Die einfachste Form ist es, seinen eigenen Namen zu sagen. Dies sollte eine geringe Hürde sein und doch ist es für viele Menschen eine ganz gewaltige, dies vor einer Gruppe zu tun. Nach dem Spiel *Wort und Geste* wird es deutlich einfacher sein.

Auch bei diesem Spiel steht die Gruppe im Kreis und der oder die Kleins-te, die Spielerin oder der Spieler mit den meisten Wörtern im letzten Aufsatz, den längsten Haaren, dem weitesten Schulweg oder welche Eigenschaft auch immer geeignet scheint, um ein kurzes von einem Lachen begleitetes Nachdenken in einer angenehmen Lernatmosphäre zu provozieren, darf beginnen. Zuvor demonstriert die Spielleiterin oder der Spielleiter die Regeln:

Hierzu tritt sie oder er einen Schritt in den Kreis, spricht laut und deut-lich den eigenen Namen in die Runde und sagt ein Wort, das sie oder er mit einer Geste verbindet. Beispielsweise kann *Maik, der Adler* gleich-zeitig mit einer Geste des Fliegens präsentiert werden. Der Spielleiter tritt zurück in den Kreis und sieht sich im Folgenden an, wie die gesamte Gruppe in den Kreis tritt und chorisch den Namen, die Geste und das Wort wiederholt. Die Gruppe performt also in der Wiederholung den Namen, der ganz nebenbei mit den Wörtern und Gesten gelernt wird. Die Übung geht durch den Kreis und kann unproblematisch mit einer gesamten Klasse durchgeführt werden.

Nachdem alle Namen auf diese Weise präsentiert und wiederholt wur-den, wandert ein Impuls durch den Raum. Hierbei werden zunächst der eigene Name und das begleitende Wort gesagt und dann mit einer kla-ren Handbewegung auf ein Gegenüber gezeigt, dessen Name und Wort gesprochen wird. Also beispielsweise gibt *Maik, der Adler* an *Michaela, das Empire State Building* ab. Es gilt nun den Moment des fehlenden Namens oder des Wortes auszuhalten, in der Figur nicht zusammenzubrechen, sondern gegebenenfalls auf die Geste als Hilfe des Gegenübers zu warten, während man mit der Hand auf den nächsten Spieler bzw. die nächste Spielerin zeigt. Es ist erstaunlich, wie schnell sich Menschen an Worte erinnern, sobald eine Geste produziert wird und das, falls die Geste das Wort illustriert oder aber auf den ersten Blick auch nicht: Ein Zusammenhang wird in der Regel beim Spiel konstruiert. Der Impuls wandert weiter durch die Gruppe, wobei immer der eigene Name und das eigene Wort als Erstes gesagt werden. Dies kann gleichzeitig als kleine Produktionskontrolle dienen, sollten Fehler gemacht werden. Läuft der Impuls stabil durch den Raum, was man an einer angemessenen Geschwindigkeit und einer gelösten Atmosphäre ablesen kann, kann man zur nächsten Stufe übergehen.

Auch bei der nächsten Stufe sucht sich der Impuls seinen Weg in der Gruppe. Nun wird jedoch immer zunächst der Name und die Geste der letzten Impulsgeberin bzw. des letzten Impulsgebers gesagt und dabei gleichzeitig mit der linken Hand auf sie oder ihn gezeigt, bevor dann der oder die Nächste mit der rechten Hand angespielt wird, also der Name und das zugehörige Wort gesagt werden. Der eigene Name und das eigene Wort fallen also aus.

Läuft auch diese Runde stabil, geht es in die nächste Runde: Hierbei schickt der Spielleiter einen zweiten Impulskreis – parallel zum ersten Kreis – durch den Raum, vielleicht sogar einen dritten Impuls, wenn die Konzentration es zulässt. Kehrt man nun zur ersten Variante zurück, sind alle Schwierigkeiten vom Anfang vergessen. Die Namen und die entsprechenden Wörter sind in der Regel gemeinsam mit den Gesten stabil in den Köpfen der Schülerinnen und Schüler verankert.

Der didaktische Hintergrund

Dieses Spiel kann zu sehr unterschiedlichen Zielen eingesetzt werden, natürlich zum sicheren Vorstellen der eigenen Person, aber auch zur Wortschatzaktivierung (beispielsweise das Wortfeld der Tiere, der Sehenswürdigkeiten einer Stadt, der Waren, die sich in einem Supermarkt befinden oder aber Dinge und Gefühle, die mit einer zu behandelnden Geschichte zu tun haben, z. B. mit dem Balkon, dem Gift, der Sehnsucht oder der Liebe in *Romeo und Julia*). Neben Einzelwörtern können auch größere sprachliche Strukturen als Impuls dienen; neben adjektivisch attribuierten Nominalphrasen (z. B. *Maik, der gelbe Vogel*) auch ausgewählte Relativsätze (z. B. *Maik, der immer fliegt*) oder aber kleine Sätze und Zitate (z. B. Christa Wolfs *Das Vergangene ist nicht tot; es ist nicht einmal vergangen*).

Im Theaterbereich ist diese Übung besonders wichtig, um das Beobachten und, darauf aufbauend, das Imitieren zu üben, mit anderen Worten das Reproduzieren von Handlungen. Dies zeichnet eine wichtige Parallele zum Erlernen einer fremden Sprache: Auch hier sind die Lernenden auf das genaue Beobachten der Sprecherinnen und Sprecher der Fremdsprache und ein möglichst genaues Imitieren der Aussprache und des adäquaten Gebrauchs der verwendeten Strukturen angewiesen. Die Fremdsprachendidaktik spricht seit einigen Jahren von *Chunks*, die als sprachliche Pakete erworben werden (z. B. *Wie geht's dir?/How are you?* jeweils als Gesamtheit gespeichert).

Was machst du da? – Bewegte Überforderung

Das Improvisationstheater hat eine Fülle von Übungen und Spielen entwickelt (vgl. VLCEK 2003), die auch im Fremdsprachenunterricht erfolgreich eingesetzt werden können (vgl. WALTER 2016). Während **ein Spiel** auf der Bühne in einer Impro-Show gezeigt wird, dienen **Impro-Übungen** einem anderen Zweck. Es geht bei Übungen darum, Spontaneität zu entwickeln, Geschichten auf der Bühne frei, d. h. ohne Textvorlage und Vorabsprache, zu spielen. Mit anderen Worten, es geht darum, ganz im Moment zu sein. Einer der Impro-Klassiker ist die folgende Übung, die in zwei Phasen und somit auch in zwei Unterrichtseinheiten aufbauend eingesetzt werden kann. Spielwütige Schülerinnen und Schüler können auch die erste Phase überspringen und sozusagen ihr Hirn gleich besonders herausfordern.

In der ersten Phase stehen zwei Lernende (S1 und S2) einander gegenüber und der oder die eine fragt die oder den anderen: „Was machst du da?", was übrigens als *Chunk* übernommen und verwendet wird. Daraufhin nennt S2 eine Tätigkeit in der ersten Person Präsens, z.B. „Ich schreibe einen Brief." und stellt diese Tätigkeit pantomimisch dar. Dann wird die Frage an das Gegenüber gestellt: „Was machst du da?" S1 benennt die Aktivität und führt die entsprechende Bewegung durch. Nach ca. 2 Minuten werden die Paare neu gemischt.

Spannend wird nun die zweite Phase, in der das Gehirn deshalb besonders gefordert wird, da die Geste und der Satz nicht mehr zueinander passen. Es funktioniert wie folgt: S1 und S2 stehen einander gegenüber, nehmen Augenkontakt auf, und S1 fragt: „Was machst du da?" S2 antwortet und benennt eine Tätigkeit (z.B. „Ich spiele Tennis."), die S1 dann pantomimisch darstellt. Daraufhin stellt S2 die bereits bekannte Frage „Was machst du da?" und S1, die oder der immer noch Tennis spielt – und das ist die Herausforderung –, antwortet gleichzeitig, indem sie oder er eine andere Tätigkeit benennt, z.B. „Ich koche eine Suppe." Beim ersten Mal wird die Hand von S1 mit hoher Wahrscheinlichkeit beim Benennen dieser Tätigkeit zu einer Rührbewegung übergehen. Das ist aber nun die Aufgabe von S2: S2 gibt vor, eine Suppe zu kochen, während S1 fragt: „Was machst du da?", und damit ist das Spiel im Gange.

Der didaktische Hintergrund

Bei dieser Übung geht es um wohldosierte Überforderung, um in den Moment zu gelangen, nicht vorauszuplanen, sondern sich im Hier und Jetzt auf das Spiel einzulassen. Im (Fremd-)Sprachenunterricht eingesetzt, trainiert die Übung das spontane Einbringen von Beiträgen in eine Kommunikation und das Reagieren auf

Sprech- bzw. Handlungsimpulse. Schülerinnen und Schüler entwickeln bei dieser Übung einen großen Ehrgeiz, in einen flüssigen Spielverlauf zu kommen und genießen den sich in den meisten Fällen einstellenden *Flow*. Wichtig ist, dass man das Vorgehen mit einer Schülerin oder einem Schüler zu Beginn demonstriert. Bei einem anfänglich vorprogrammierten Scheitern wird die Szene pantomimisch mit einer Tafelwischbewegung und z. B. den Worten *Wisch, wisch, wisch* oder *Wipe (out)!*, je nach Zielsprache, beendet und wieder neu gestartet. Die Lehrperson geht während der Übung herum und kann das Spiel in den Paaren nochmals erklären und ggf. neu starten. Wichtig ist auch ein mehrfacher Partnerwechsel, denn hier kommt es auch auf die Chemie zwischen den Spielerinnen und Spielern an. Teenager versuchen sich bei diesem Spiel häufig herauszufordern, beispielsweise mit sportlichen Aktivitäten wie Liegestütze. Dieses Herausfordern verliert sich erfahrungsgemäß schnell, und die Spielerinnen und Spieler kehren schnell zum Spiel zurück. Deswegen ist dieses Spiel auch in der Altersklasse der Jugendlichen sehr gut einzusetzen.

Die Übung kann auf zweierlei Weise sprachlich vorentlastet werden: Zum einen mit der oben beschriebenen ersten Phase, zum anderen können Tätigkeiten im Infinitiv zunächst an der Tafel gesammelt werden, um dann Stück für Stück im Spiel weggewischt zu werden. Diese Übung kann bereits auf einem konsolidierten A1-Niveau eingesetzt werden.

Was machst du da? stellt eine weitere Aktivität dar, bei der sogenannte exekutive Funktionen trainiert werden (vgl. den *Neurodidaktischen Kommentar* am Ende von Kap. 3). In diesem Fall müssen die Lernenden die eigentlich spontane Reaktion des Ausführens passender Bewegungen unterdrücken und sozusagen umschalten: Ich gebe vor, Tennis zu spielen, behaupte aber, eine Suppe zu kochen. Mein Gegenüber mimt dann das Kochen der Suppe und spielt mir gleichzeitig den nächsten Handlungsimpuls zu, z. B. zum Bus rennen. Das bedeutet, es muss zugleich zugehört, die Dissonanz zwischen dem, was gesehen und dazu an Handlungsbeschreibung gegeben wird, muss ausgehalten und die Handlungsbeschreibung im Kopf in eine Handlungsanweisung konvertiert werden. Während diese dann ausgeführt wird, muss ganz schnell eine andere Handlung gefunden und benannt werden, ohne dabei dem Impuls zu erliegen, die im Moment pantomimisch dargestellte Handlung erneut zu benennen bzw. ohne die Darstellung derselben abzubrechen oder zu verändern. Der Aufbau des Spiels ermöglicht, indem er, um kontrolliert Inkongruenz herzustellen, an einer Stellschraube dreht, eine hohe kognitive Aktivierung. Inkongruenzen sind

Spannungsmomente für das Gehirn. Es versucht, Inkongruenzen aufzulösen, was in diesem Fall gelingt, weil nicht etwa wahllos Fehlzuordnungen geschaffen werden, sondern weil vielmehr der Ablauf des Spiels zuverlässig dafür sorgt, dass die entstehenden Spannungsmomente durch die immer gleiche Abfolge des Spiels antizipierbar und durch die Rückerinnerung an das jeweils zuletzt Gesagte auflösbar bleiben.

Ja genau, und dann? Eine bewegte Tandemerzählung

P 4

Eine weitere Basisübung aus dem Improvisationstheater soll demonstrieren, wie *Embodied Learning* in der Praxis umgesetzt werden kann. Auch hier handelt es sich um eine Partnerübung. Die Partner stehen dicht beieinander, wobei sie sich auch unterhaken können. Gemeinsam erzählt das Paar (S 1 und S 2) die Geschichte einer Person mit zwei Köpfen, sie sind also beide nun ein Mensch: S 1 beginnt, in der jeweiligen Zielsprache, mit dem Satz: „Weißt Du noch, wie wir gestern aufgestanden sind?" S 2 stellt diese Handlung nun gemeinsam mit S 1 pantomimisch dar, indem man beispielsweise gemeinsam gähnt und sich rekelt. Nun kommt der entscheidende Satzanfang „Ja genau, und dann ...", der beispielsweise ergänzt wird mit „haben wir einen Kaffee gekocht". Diese Tätigkeit wird von dem Paar wiederum pantomimisch dargestellt. Im Wechsel wird nun der Satzanfang immer wieder verwendet und anders vollendet. Ohne dass man es als Ziel vorgeben müsste, wird eine kleine Geschichte erzählt.

Der didaktische Hintergrund

Neben dem Im-Moment-Sein kommen hier zwei weitere Prinzipien des Improvisationstheaters zum Tragen, das Akzeptieren von Spielangeboten („Au ja!") und das Weiterführen einer Geschichte („Und dann?"). Im Sinne des Aktivierens von sprachlichem Wissen und als *Scaffolding*-Maßnahme können auch bei dieser Aktivität wieder zunächst Tätigkeiten an der Tafel schriftlich gesammelt und z. B. im Deutschen die Perfektstruktur (*haben/sein* + Partizip II) visualisiert werden. In anderen Zielsprachen können ebenfalls, anhand der gesammelten Beispiele, die darin vorkommenden Vergangenheitsformen wieder ins Gedächtnis gerufen werden, Formulierungen und *Chunks* als kommunikative Fertigbausteine können zusammengetragen und auf diese Weise wiederholt werden. Durch das gemeinsame Sammeln wird das Spiel sprachlich entlastet. Ferner wird den Schülerinnen und Schülern ein Unterstützungsangebot gemacht, das ihnen auch inhaltlich weiterhilft, sollte es in der Partnerarbeit zu einem Ideenengpass kommen. Solche Unterstützungsangebote sind oft sehr wichtig, damit die Lernenden sich in der Spielsituation sicher fühlen können. Überdies kann im Vorfeld eine Formulierung vereinbart werden, die als Notausgang aus der Situation dienen kann, sollte das Spiel ins Stocken geraten. Beispielsweise kann die Möglichkeit gegeben werden durch „Dann bin ich aufgewacht und es war alles nur ein Traum." den Wechsel zu beenden und die Geschichte, egal an welcher Stelle, angemessen abzuschließen.

Notausgänge (vgl. KURTZ 2001) dürfen, müssen aber nicht genutzt werden, das sollte von der Lehrkraft vorab kommuniziert werden, damit die Lernenden nicht aus Bequemlichkeit sofort darauf zurückgreifen. Es geht darum, das Spiel ins Rollen zu bringen und am Rollen zu halten, wobei man sich, dank des Notausgangs, sicher fühlen kann. Gerade für Heranwachsende ist es beruhigend, zu wissen, dass sie der Situation nicht ausgeliefert sind. Durch einen Notausgang bleiben sie jederzeit handlungsfähig und können sich, sollte sich der Spielablauf nicht gut entwickeln, aus der Situation befreien. Der Versuch wird dann, wie oben vorgeschlagen, symbolisch ausgewischt, und ein Neustart kann gewagt werden, ggf. nach einem Tausch mit einem anderen Tandem zwecks neuer Personenkonstellation. Die Zusammensetzung der Paare sollte man aufgrund der geforderten Nähe bei *Ja genau, und dann?* und der positiven sozialen Resonanz, die hier besonders wichtig erscheint (sich aber nur bei einem gewissen Harmoniefaktor einstellt, d. h. wenn man gut zusammenarbeiten will und kann), den Lernenden überlassen werden, insbesondere bei Lernenden im Teenageralter (zum Bilden von Gruppen vgl. Kap. 3.4).

Wenn die Lehrkraft Fehler in der Fremdsprache bemerken sollte, ist es ratsam, diese zu notieren, den Spielverlauf möglichst nicht zu unterbrechen, sondern die bzw. einige Fehler im Anschluss zu thematisieren. Nur wenn ein Paar systematisch fehlerhafte Strukturen produziert, sollte eingegriffen und noch einmal kurz die Struktur erklärt werden.

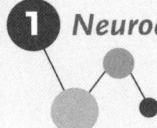

Neurodidaktischer Kommentar:

Ergänzung und Abrundung

Das erste Kapitel von *In Motion* legte den Schwerpunkt auf das Potenzial von *Embodied Learning*, insbesondere in Form von Bewegung beim Sprachenlernen. Relevante Befunde aus der Wissenschaft wurden ausgewählt und zusammenfassend dargelegt, mehrere Theaterimpulse mit entsprechender Schwerpunktsetzung vorgestellt und durch den sich anschließenden didaktischen Kommentar jeweils reflektiert sowie bereits an mehreren Stellen in Bezug gesetzt zu Erkenntnissen der Hirnforschung. Der abschließende neurodidaktische Kommentar dient nun dazu, einige spezifische bzw. weiterführende Fragen zu beantworten, die Kapitel 1 bei der Lektüre angestoßen haben könnte.

Gibt es ergänzende Ratschläge und weitere Erkenntnisse zu den Vermeidungstendenzen bei Wiederholungen?

Oben wurde erklärt, warum das Gehirn bzw. der Lernende bei der Aussicht darauf, etwas wiederholen und üben zu müssen, eher selten euphorisch reagiert, sich viel häufiger eine gewisse Trägheit zeigt: Das Gehirn wägt streng ab, wofür es sich lohnt, Energie aufzuwenden. Hier wurde der Vorschlag gemacht, Bewegungen zu nutzen und Inhalte an Bewegungen zu koppeln, da Bewegungen naturgemäß viele Male wiederholt werden müssen, was dem Gehirn bekannt ist. Hinzu kommt, dass positive Effekte von bewegtem Lernen nachgewiesen wurden, sodass der Einsatz von Bewegungen im Fachunterricht, gestützt auf empirische Befunde, empfohlen werden kann.

Das Gehirn spricht außerdem auf Situationen an, die positive soziale Resonanz und Belohnungserleben in Aussicht stellen. Ereignisse, die Emotionen adressieren, werden als relevant eingestuft. Jede Situation wird sofort vom limbischen System im Gehirn im Hinblick auf ihr emotionales Potenzial beurteilt. Werden Emotionen angesprochen, richtet sich die Aufmerksamkeit auf die Situation aus und man ist auf Empfang.

Das führt zu der Idee, emotional aufgeladene Wiederholungen zu nutzen und damit direkt weiter zu der Frage, wie emotional aufgeladene Wiederholungen im

Sprachunterricht erreicht werden können. Das Theater bietet ein ganzes Spektrum an emotional bedeutungsvollen Aktivitäten (vgl. Vlcek 2003), wenn es beispielsweise darum geht, Texte in immer wieder neue Kontexte zu setzen, sie zu inszenieren. Aus Sicht der Fremdsprachendidaktik besteht das Ziel darin, sprachliche Strukturen, also Muster, mehrfach zu wiederholen, um diese im Gedächtnis der Lernenden zu verankern (vgl. hierzu auch Kap. 2). In Probenprozessen werden Texte in der Regel mit Emotionen versehen, sowohl beim Agieren als auch beim Zuschauen. Man lacht gemeinsam, fürchtet sich oder ist über das Verhalten einer Figur empört, man ist verärgert oder freut sich mit. Durch die so erreichte emotionale Aufladung werden die im Probenprozess häufig produzierten Strukturen aufgewertet, die Wiederholung wird nicht so schnell eintönig und durch die Wiederholung sowie die emotionale Aufladung steigt die Chance, die Strukturen im Gedächtnis zu verankern. Dabei bezieht sich der Begriff *Probenprozess* nicht zwingend auf die Vorbereitung einer Bühnenaufführung, sondern er steht hier ebenso für das Ausprobieren von Darstellungsmöglichkeiten im Rahmen des Unterrichts, ohne anschließende Aufführung vor einem Publikum sowie für das Ausprobieren von Theateraktivitäten wie die oben geschilderten.

Was hat es mit dem oben mehrfach erwähnten *Flow* auf sich?

Flow beschreibt einen Zustand optimaler Erfahrung, den man erleben kann, wenn man in einer Tätigkeit ganz aufgeht und komplett darauf fokussiert ist (vgl. Csíkszentmihály 2008, Sachser 2009, Sambanis 2013), wobei sich „Lust auf Leistung" einstellt (Petillon 2000: 8). Irrelevantes wird hierbei einfach ausgeblendet. Das Absorbiertsein im Hier und Jetzt ist ein wesentliches Merkmal. Die Investition von Energie in die Tätigkeit lohnt sich wegen der daraus hervorgehenden positiven Emotionen. *Flow*-Zustände werden oftmals als besonders freudvolle Erfahrungen wahrgenommen (vgl. Sachser 2009: 17) und zeichnen sich durch hohe Intensität und Attraktivität aus. Sie sind erstrebenswert, aber nicht beliebig auslösbar. Umfragen zufolge kennt so gut wie jede oder jeder *Flow*-Erlebnisse aus eigener Erfahrung. Allerdings scheinen manche Menschen leichter in einen *Flow*-Zustand zu kommen als andere. Forschende vermuten einen Zusammenhang zwischen dem über den Neurotransmitter Dopamin im Gehirn vermittelten Belohnungseffekt des *Flow*-Zustandes und Persönlichkeitsmerkmalen, die vom Dopaminsystem gesteuert werden (z. B. geringe Impulsivität, vgl. Sambanis 2013: 135). Durch die Ausschüttung von Dopamin im Gehirn kann sich der Körper selbst belohnen, zugleich wird das

Verlangen nach weiterem Belohnungserleben geweckt. Das fördert die Bereitschaft, sich wieder Herausforderungen zu stellen bzw. in Situationen einzutauchen, die eine erneutes Freud- und Belohnungserleben in Aussicht stellen (vgl. ARNDT/SAMBANIS 2017: 104).

Flow-Erlebnisse lassen sich, wie gesagt, zwar nicht nach Belieben auslösen, aber es gibt einige beeinflussbare Faktoren, die das Ermöglichen eines *Flow*-Erlebnisses begünstigen können. Die geschilderten Theaterimpulse sind so konzipiert, dass sie möglichst viele dieser Faktoren berücksichtigen.

Eine optimale Passung zwischen Anforderung und Fähigkeit (vgl. SACHSER 2009, SAMBANIS 2013) impliziert, dass die Theaterimpulse ein nicht zu flaches Anforderungsniveau haben, sondern eine gewisse Herausforderung bieten, die jedoch wiederum nicht unüberwindbar hoch sein darf. Für ein adaptierbares bzw. ansteigendes Anforderungsniveau sorgen u. a. die bei mehreren Praxisimpulsen vorgeschlagenen verschiedenen Schwierigkeitsstufen. Für Unterstützung beim Meistern der Herausforderung wird z. B. durch das Sammeln von Ideen und sprachlichen Wendungen im Vorfeld gesorgt.

Ein weiterer Faktor, der dazu beiträgt, ein *Flow*-förderliches Feld zu schaffen, ist die Klarheit der Handlungsanforderungen und der Handlungsstruktur. Es wurde bereits darauf hingewiesen, dass die Lernenden gut zu orientieren sind, z. B. durch Vormachen eines Probedurchgangs. Auch die Möglichkeit, Verständnisfragen zum Ablauf zu stellen und bereits im Vorfeld um Unterstützung, z. B. in Form einer Ideensammlung, zu bitten, sollte gegeben werden. Die dann in den Theaterübungen gewonnenen Erfahrungen sind unmittelbar und multisensorisch. Solche Formen des *Embodiment* – es wird nicht nur die Kognition angesprochen, sondern es werden auch die Sinne und die Motorik adressiert – können das Eintreten in einen *Flow*-Zustand unterstützen.

Die vorgeschlagenen Theaterimpulse stecken jeweils einen Handlungsrahmen ab und geben notwendige Spielregeln vor, sodass Orientierung gegeben wird, was Sicherheit verleiht. Innerhalb dieses orientierenden Rahmens eröffnen sich Spielräume, die spontan gefüllt werden sollen. Wird ein Notausgang geschaffen – oben wurde vorgeschlagen, einen Satz zu vereinbaren, mit dem die Handlung beendet werden kann, es wäre z. B. auch ein einfaches Codewort denkbar – verstärkt man bei den Mitspielenden das Gefühl, im Notfall jederzeit die Kontrolle ergreifen zu können, was oftmals bewirkt, dass sich Lernende besser auf Unvorhergesehenes innerhalb der Spielsituation einlassen und dabei ein *Flow*-Erlebnis haben können.

Bei allen oben vorgestellten Theaterimpulsen wird die Aufmerksamkeit auf ein begrenztes Stimulusfeld gerichtet. Alles, was für die Spielhandlung nicht von Bedeutung ist, bleibt unbeachtet, außen vor. Dadurch werden Störreize, die ein Eintreten in das *Flow*-Erleben behindern könnten, minimiert, die Aufmerksamkeit auf die eigene Handlung und das Zusammenwirken derselben mit den Handlungen der anderen gerichtet.

Anhand der *Magischen Sieben* lässt sich außerdem sehr gut zeigen, wie es gelingen kann, durch einfache Spielregeln eine Fokussierung auf eine Handlungsabfolge zu erreichen: Schnell läuft das Zählen in der Runde glatt, einer inneren Logik folgend. Durch das zügige Tempo wird es den Mitspielenden unmöglich, ablenkenden Gedanken oder Sorgen nachzuhängen, eine ungeteilte Konzentration auf das rasche Weitergeben der Zahlen ist notwendig. Ziel des Handelns ist der reibungslose und schnelle Ablauf des Zählens im Kreis. Wird dies erreicht, wird die Tätigkeit als selbstbelohnend erlebt, *Flow* kann sich einstellen.

Wie kommt Wissen ins Gehirn? 2

Zwei Prozesse wirken zusammen bei der Ausbildung von Wissensinhalten im Gehirn: die Enkodierung und die Konsolidierung. Welchen Beitrag sie jeweils leisten, soll im Folgenden erklärt werden.

2.1 Enkodierung

Beim Enkodieren werden zunächst Informationen in die Sprache der Neuronen
übersetzt. Genauer gesagt: Sinnesinformationen, z. B. zu einem Lerninhalt, werden
in den neuronalen Code übertragen. Im Gehirn entsteht ein Aktivierungsmuster,
das den Inhalt repräsentiert, was aber nicht automatisch bedeutet, dass dieser sofort fest und dauerhaft gespeichert wäre. Dinge in unserer Umgebung oder Informationen, die uns wenig wichtig erscheinen, werden lediglich kurzzeitig enkodiert.
Die spezifische Aktivierung im Gehirn geht dann sogleich wieder zurück, die Repräsentation zerfällt und man erinnert sich nicht mehr an die Information oder den
Lerninhalt bzw. nur noch an Bruchstücke.

Man kann jeden Tag beobachten (und zwar nicht nur in der Schule!), wie Dinge nur kurzzeitig verfügbar sind, wenig später schon nicht mehr erinnert werden,
z. B. in Situationen wie dieser: Während man eben noch dem Kontrolleur in der
S-Bahn auf seine genuschelte Aufforderung „Die Fahrausweise bitte!" hin seinen
Fahrschein gezeigt, ihm dabei ins Gesicht gesehen und noch gedacht hat, dass
er offenbar einen harten Start in die neue Woche hatte, könnte man schon tags
darauf (oder sogar früher) nicht mehr zweifelsfrei sagen, ob der Kontrolleur grü-

ne oder blaue Augen hatte, ob seine Jacke zu oder offen war usw. Repräsentationen wie diese sind kurzzeitig, da das Gehirn die Informationen nicht als weiterhin relevant einstuft. Sie zerfallen daher wieder. Dabei handelt es sich geradezu um eine Notwendigkeit, denn dadurch werden Kapazitäten schnell wieder frei. Die an der Repräsentation beteiligten Nervenzellen im Gehirn stehen wieder für andere Repräsentationen zur Verfügung. Das ist sehr wichtig, schließlich muss das Gehirn effizient arbeiten, es muss Ballast vermeiden und darf als das Organ mit dem höchsten Energieverbrauch (dieser wird im nächsten Teilkapitel noch präzisiert) keine Energie verschwenden.

Um neues Wissen im Gehirn zu verankern, ist also zunächst entscheidend, dass die Inhalte möglichst nicht nur kurzzeitig repräsentiert werden und außerdem spielt eine Rolle, wie die Inhalte enkodiert werden, z. B. mit einer ergänzenden motorischen Spur oder ohne sie (vgl. Kap. 1). Eindrucksvolle Lernerlebnisse, z. B. durch die Aufmerksamkeit anregende und gut orientierende Präsentationsmodi etc., können das Erkennen bzw. Einschätzen der Relevanz von Informationen durch die Lernenden unterstützen. Um etwas langzeitlich zu speichern, müssen die Inhalte jedoch nicht nur enkodiert, sondern auch konsolidiert werden.

2.2 Konsolidierung

Der Begriff Konsolidierung bezeichnet das Zeitfenster, in dem Prozesse der Festigung von Gedächtnisinhalten (vielfach einhergehend mit Löschprozessen) ablaufen. Man spricht von Nachbereitung oder Verfestigung. Dieser Prozess folgt auf die Einspeicherung und zielt darauf, Inhalte im Langzeitgedächtnis zu speichern. Dazu wird zunächst die spezifische Aktivierung im Gehirn aufrechterhalten. Da dies ein sehr energieintensiver Prozess ist und das Gehirn, wie gesagt, mit der zur Verfügung stehendenen Energie haushalten muss – das Gehirn macht 2 % der Körpermasse aus, verbraucht aber 20 % der Energie (dies gilt für Erwachsene, bei Kindern liegt der Energieverbrauch vielfach noch höher, der Spitzenwert wird im Alter von vier bis fünf Jahren erreicht mit 43 %, vgl. ARNDT/SAMBANIS 2017: 33) – sorgt es bei der Langzeitspeicherung von Wissen und Fertigkeiten für eine Art der Speicherung, die ökonomisch ist: Es leitet Umbauprozesse an den beteiligten synaptischen Verbindungen, d. h. an den Kontaktstellen zwischen den Nervenzellen, ein (für detaillierte Informationen vgl. ARNDT/SAMBANIS 2017: 170ff.). Synapsen, die zeitgleich besonders aktiv sind, werden vergrößert. Manchmal werden auch neue Synapsen, gewissermaßen zur Unterstützung einer besonders aktiven Kontaktstelle, aufgebaut.

Ohne die Prozesse in ihrer ganzen Komplexität darzustellen, soll hier lediglich darauf aufmerksam gemacht werden, dass Konsolidierungsprozesse einen wichtigen Beitrag zum Lernen leisten. Zunächst sind neue Gedächtnisinhalte noch sehr fragil, ähnlich wie bei dem Beispiel mit der Augenfarbe des Kontrolleurs können spezifische Aktivierungsmuster rasch wieder zerfallen. Damit Wichtiges die Chance hat, erhalten zu bleiben, stellen sich erste Verfestigungsprozesse im Anschluss an das Enkodieren ein (bezogen auf den Unterricht z. B. im Anschluss an eine Präsentation, sonstige Input-Phase oder konzentrierte individuelle Auseinandersetzung).

Manchmal kann man im Unterricht nach einer Präsentationsphase beobachten, dass Lernende kurz wegdriften. Das kann (muss aber nicht zwingend) ein Indikator dafür sein, dass das Gehirn versucht, erste Nachbereitungsschritte zu unternehmen. Solche Nachbereitungsprozesse sind nicht besonders störungsresistent. Ein beachtenswertes Ereignis, ein unangenehmer Zwischenfall, ein ähnlicher Lerninhalt u. v. m. können die Verfestigung stören. Neuste experimentelle Studien erforschen gerade, in welchem Zeitfenster frisch enkodierte Inhalte störungsanfällig sind. Besonders fragil scheinen sie wenige Minuten nach der Enkodierung, also z. B. nach dem Einführen neuer Vokabeln im Unterricht, zu sein. Die ersten Minuten nach Aufbau einer neuen Repräsentation im Gehirn (erforscht wurde ein Zeitfenster von 12 Minuten) bilden offenbar eine Zone besonderer Fragilität (vgl. SOSIC-VASIC ET AL. 2018).

In dieser Phase sollte, so scheint es, dem Gehirn nach der Enkodierung eines neuen Inhalts die Möglichkeit gegeben werden, erste Konsolidierungsschritte zu unternehmen, indem der Lernende für einige Minuten in einen Rückzugs- bzw. Rückschaumodus wechseln kann. Erfahrene Lehrkräfte verfügen über ein Repertoire an Aufgabenstellungen und Arbeitsformen, die es den Schülerinnen und Schülern ermöglichen, bei den neuen Inhalten zu verweilen und sich mit ihnen bzw. mit dem, was das Gehirn dazu an Repräsentationen geschaffen hat, auseinanderzusetzen (einige Beispiele werden am Ende des Kapitels im *Neurodidaktischen Kommentar* gegeben).

Für eine tatsächlich nachhaltige Verfestigung spielt der Schlaf eine wichtige Rolle. In diesem Modus kann das Gehirn am besten aussortieren, nachbereiten und Neues in bereits bestehende Strukturen einbinden. Daher verwundert es nicht, dass sich in Studien immer wieder der Effekt einer verbesserten Behaltens- und Lernleistung nach einer Schlafphase zeigt. Während das wache Gehirn ständig auf Zack sein muss und über die verschiedenen Sinneskanäle ununterbrochen eine Fülle an Impulsen erhält, wird diese Impulsfülle im Schlaf zumindest reduziert: Alleine durch das Schließen der Augen bleiben zahlreiche Impulse im wahrsten Sinne des Wortes außen vor und müssen nicht verarbeitet werden. Das erleichtert es dem Gehirn sozusagen Innenschau zu halten. Im Schlaf erfolgt eine Bestandsaufnahme, es wird aufgeräumt, eingeordnet und sauber gemacht, dabei auch Hirn-Müll entfernt. Tatsächlich produziert das Gehirn Abfälle und zwar beachtliche 2,5 Kilogramm pro Jahr (vgl. NEEDER-GARD/GOLDMAN 2018). Dieser Hirn-Müll besteht nicht etwa aus unwichtigen Informationen, sondern es handelt sich um Proteinabfälle und Zellschrott. Die Erforschung des Abfallsystems des Gehirns ist ein noch junges Feld, man weiß aber inzwischen, dass dieses Entsorgungssystem von allergrößter Bedeutung ist. Sammeln sich nämlich Abfallprodukte im Hirn und lagern sich in den Zellzwischenräumen an, dann kann dies schädigend wirken und krank machen. Die Abfallentsorgung im Gehirn erfolgt während des Schlafes, indem das Gewebe mit Hirnflüssigkeit durchgespült wird (vgl. BECK 2014: 165).

Abb. 3: *Wegspülen von Hirn-Müll*

2.3 *Replay*-Mechanismen im Kopf

Der Schlaf ist, bei genauer Betrachtung der Vorgänge im Gehirn, eine Phase erstaunlicher Aktivität. Neben dem Durchspülen des Gewebes mit Hirnflüssigkeit zur Beseitigung toxischer Abfälle laufen während des Schlafs auch sogenannte *Replay*-Mechanismen zur Konsolidierung von Wissen und Fertigkeiten im Gehirn ab. Dabei werden die neuronalen Muster reaktiviert, die beim Lernen angelegt worden sind. Das wiederholte Reaktivieren ist ein Mechanismus, mit dem das Gehirn Inhalte haltbar macht und das Gedächtnis aufbaut. Da Vieles zunächst im Hippocampus gespeichert wird, dem „wichtigsten Kurzzeitspeicher" im Gehirn (BECK ET AL. 2016: 44), der aber aufgrund seiner Größe eine begrenzte Speicherkapazität besitzt, laufen neuronale Muster, durch die Erlebtes und Inhalte enkodiert wurden, im Schlaf vor allem zwischen Hippocampus und der Großhirnrinde hin und her.

Dank ihrer starken Furchung hat die Großhirnrinde eine beachtliche Oberfläche und damit ein enormes Speichervolumen. Sie ist dadurch für das Ablegen und langfristige Erhalten von Inhalten bestens geeignet. Würde man die Großhirnrinde platt ausbreiten, deckte sie 2 m² ab. Das ist, wenn man bedenkt, dass sie neben anderen Hirnstrukturen mitsamt der Hirnflüssigkeit (Liquor) im Schädel Platz findet, beeindruckend. Die Fläche ist ebenso groß wie die der Haut am ganzen Körper (vgl. BECK ET AL. 2016: 36, 164).

Indem der Hippocampus sozusagen bei ihm vorübergehend Hinterlegtes dem Großhirn mittels *Replay* präsentiert „entscheidet [...] [er maßgeblich] darüber, welche Informationen gelernt und welche vergessen werden" (BECK ET LA. 2016: 44 f.). Das Präsentieren und damit Weiterleiten von Informationen erfolgt in Form einer durch den Hippocampus erzeugten Hirnwelle, dem sogenannten *Sharp-Wave-Ripple*-Komplex. Dieser lässt sich während des Tiefschlafs immer wieder beobachten. Um „den laufenden Betrieb des Großhirns" (BECK ET AL. 2016: 45) im Wachzustand nicht zu stören, erfolgen die *Replay*-Mechanismen während des Schlafs. Es handelt sich um unbewusste Prozesse.

Während man also die Konsolidierungsmaßnahmen des Gehirns mittels *Replay* nicht bewusst miterlebt, gibt es eine andere Situation, in der *Replay*-Mechanismen im Gehirn bewusst erlebt werden, was sehr lästig sein kann: Die Rede ist von Ohrwürmern. Bei Ohrwürmern handelt es sich um Musikstücke, die als Inhalte im auditiven Gedächtnis gespeichert wurden und dann ins Arbeitsgedächtnis drängen.

Das Arbeitsgedächtnis ist der *Mental Workspace*. Es funktioniert ähnlich wie eine Tafel: Man nutzt das Arbeitsgedächtnis, bildlich gesprochen, für Notizen – aber nicht zu viele auf einmal, denn auf der mentalen Tafel ist nur begrenzt Platz. Was wichtig erscheint, wird dann an anderer Stelle weiterverarbeitet, also sozusagen von der Tafel abgeschrieben. Was nur für kurze Zeit wichtig war, wird flott ausgelöscht, damit wieder Platz für Neues ist. Ist das Arbeitsgedächtnis gerade nicht ausgelastet, z. B. bei Routinearbeiten im Alltag, kann es einem Musikstück gelingen, sich in den *Mental Workspace* hineinzudrängen. So entstehen Ohrwürmer.

Aus didaktischer Sicht könnte man Ohrwürmern, zumindest auf den ersten Blick, ein gewisses Potenzial zusprechen, schließlich zwingen sie zu permanenter Wiederholung. Dadurch ließen sich womöglich Wissensinhalte festigen und kognitive Zugewinne erzielen. Allerdings empfindet man den ständigen *Replay* in der Regel nicht als angenehm, sodass das Ohrwurm-Erlebnis mit negativen Emotionen einhergeht. Die Emotionen sind zwar nicht unbedingt sehr stark, man spricht in solchen Fällen von schwach salienten Emotionen, sie sind aber durchaus wahrnehmbar und besonders auf Dauer zunehmend unangenehm. Werden beim Lernen Emotionen angestoßen, so werden entsprechende emotionale Spuren zusammen mit den Inhalten gespeichert und beim Wiederabruf reaktiviert. Es liegt auf der Hand, dass Inhalte, die mit negativen Emotionen verbunden sind, nicht so gerne erinnert werden wie positiv belegte Inhalte. Ohrwürmer stellen sich bei näherer Betrachtung also doch nicht als eine besonders geeignete Einspeicherungshilfe dar. Es gibt effektivere und angenehmere Optionen, von denen im Anschluss einige vorgestellt werden. Auch das Lernen mit Bewegungen (vgl. Kap. 1) zählt zu diesen Optionen.

Da das Erleben von *Replay*-Mechanismen bei Ohrwürmern, wie gesagt, zumindest mit der Zeit unangenehm wird, bleibt die Frage zu klären, wie man Ohrwürmer wieder loswird. Es gibt zwei Möglichkeiten: Entweder, man sorgt dafür, dass das Arbeitsgedächtnis etwas zu tun bekommt. Man lernt konzentriert oder löst ein Rätsel etc. Oder aber, das wäre die zweite, pädagogisch allerdings weniger wertvolle Option, man kaut Kaugummi. Tatsächlich gibt es Hinweise darauf, dass Kaugummikauen Ohrwürmer vertreibt, wobei man sich zu Recht fragen kann, wie das funktionieren soll. Die Antwort ist einfach und sehr nachvollziehbar: Das Arbeitsgedächtnis braucht für das Abspielen des Musikstücks im Kopf einen Verbündeten, und zwar bestimmte für die Lautproduktion zuständige Hirnbereiche. Diese singen oder summen sozusagen stumm mit. Wenn man nun die ausführende Stelle für die Lautproduktion stört oder, genauer gesagt, sie durch das Kaugummikauen anderweitig beschäftigt, bricht der Mechanismus zusammen und der Ohrwurm ist weg!

Es bleibt festzuhalten: Zur Konsolidierung sind *Replay*-Mechanismen unverzichtbar, wobei das Phänomen *Ohrwürmer* einerseits spannend ist, weil es diesen sonst verborgenen Mechanismus erlebbar macht (er läuft beim Ohrwurm im Gehirn zwar zwischen anderen Regionen ab und außerdem im Wachzustand, aber das Prinzip *Replay* an sich ist vergleichbar). Andererseits illustriert es, wie wichtig und entlastend es ist, dass viele der konsolidierungsrelevanten *Replay*-Mechanismen unbemerkt, insbesondere während des Schlafs ablaufen.

2.4 Unterschiedliche Gedächtnisinhalte – die Gedächtnissysteme

Um Wissen speichern zu können, ist es oftmals nötig, die Aufmerksamkeit gezielt auf die entsprechenden Inhalte und Informationen auszurichten. Dieses Ausrichten der Aufmerksamkeit kann und muss oftmals methodisch unterstützt werden: „Die Konsolidierung deklarativer Gedächtnisinhalte ist von einer bewussten Aufnahme abhängig. Es bedarf der bewussten Verarbeitung des Wahrgenommenen und der Zuwendung von Aufmerksamkeit, um [...] [entsprechendes] Wissen aufzubauen. Ähnliches gilt für bestimmte Inhalte des prozeduralen Gedächtnisses, nämlich solche, die wir über Nachahmungslernen erwerben." (ARNDT/SAMBANIS 2017: 171)

Das Gehirn liebt Muster und Systematisierungen, die es erlauben, komplexe oder wiederkehrende Dinge überschaubar zu machen. Es muss daher nicht wundern, dass es gewissermaßen für sich selbst auch nach einem Ordnungssystem sucht und Gedächtnisinhalte, die ja ganz unterschiedlicher Art sein können, z. B. in deklarative und nicht-deklarative einteilt. Das deklarative Gedächtnis umfasst bewusstes Wissen und zeichnet sich dadurch aus, dass das Wissen sprachlich dargelegt werden kann. Nicht-Deklaratives hingegen ist nicht bewusst. Um es versprachlichen und damit erklären zu können, muss man sich z. B. die Abläufe vorstellen und diese beschreiben.

Die Unterscheidung von verschiedenen Gedächtnissystemen bedeutet nicht, dass Inhalte immer nur in einem System gespeichert wären. Man kann beispielsweise den Zoobesuch mit dem Patenkind als Erlebnis und zusammen mit dem Erlebnis Faktenwissen speichern, z. B. dass Elefanten ca. 200 Kilogramm Nahrung pro Tag zu sich nehmen.

Dass die Unterscheidung von Gedächtnissystemen nicht nur ein Trick ist, um etwas Komplexes begreifbarer zu machen, sondern dass es tatsächlich unterschiedliche Arten von Gedächtnisinhalten und korrespondierenden Gedächtnissystemen gibt, belegen Studien, die die jeweilige Aktivierung im Gehirn erfassen. Sie zeigen, dass an den einzelnen Gedächtnissystemen jeweils bestimmte Hirnbereiche beteiligt sind. Am Speichern und Abrufen von deklarativen Gedächtnisinhalten sind z. B. der Hippocampus und das Frontalhirn beteiligt. Andere Gedächtnissysteme stehen in Verbindung mit anderen Hirnbereichen (für Detailinformationen vgl. ARNDT/ SAMBANIS 2017: 151 ff.).

Die Unterscheidung zwischen verschiedenen Gedächtnissystemen, die sich noch weiter ausdifferenzieren lässt – z. B. ließe sich beim deklarativen Gedächtnis ein semantisches (Faktenwissen) von einem episodischen (Erlebnisse) trennen (vgl. das Beispiel mit dem Zoobesuch oben) – illustriert, dass es unterschiedliche Gedächtnisinhalte gibt. Es wurde aber auch deutlich, dass Gedächtnisinhalte nicht unbedingt nur in **einem** Gedächtnissystem gespeichert werden. Gerade das episodische Gedächtnis, in dem auch besondere und positive Lernerlebnisse abgelegt werden, ist für den Sprachunterricht mit Theatermethoden von großem Interesse. Im Folgenden wird auf zwei grundlegende Ressourcen hingewiesen, die sehr variabel methodisch genutzt und mit Theatermethoden verbunden werden können.

2.5 Mach dir ein Bild, erzähl dir eine Geschichte!

Es gibt Strategien, die es erlauben, selbst trocken erscheinende Inhalte, wie z. B. schematische Darstellungen oder Fakten, so aufzubereiten, dass das Gehirn sich sozusagen gerne mit ihnen beschäftigt, sie nicht nur kurzzeitig enkodiert und dann gleich wieder löscht. Zum einen interessiert sich das Gehirn für Geschichten: das Hören und Erzählen von Geschichten, auch als Bestandteil des alltäglichen Diskur-

ses (z. B.: „Du glaubst nicht, was mir am Wochenende passiert ist. Also zuerst ..."
– und schon ist man mitten in einer Geschichte!) ist eine Art Grundbedürfnis des
Menschen. Ab dem frühen Kindesalter entwickeln sich die narrativen Kompetenzen, und diese können als Lernzugang genutzt werden. Werden wichtige Informationen und Wissensinhalte in eine Geschichte überführt bzw. eingebettet, können sie
oft besser angenommen und verarbeitet werden – besonders, wenn die Geschichte
mitreißend erzählt oder mit Theatermethoden zum Leben erweckt wird.

Auch das Schaffen von Bildern, diese können realistisch oder auch seltsam
sein, kann das Aufnehmen von Wissensinhalten unterstützen. Dabei wird an einen
Inhalt ein Vorstellungsbild gekoppelt, das man sich lebhaft vor dem inneren Auge
ausmalt. Möchte man sich beispielsweise die oben gegebene Information merken,
dass ein Elefant bis zu 200 Kilogramm Futter am Tag aufnimmt, dann könnte man
sich dazu den Elefanten vor einem großen Haufen Futter vorstellen. Oben auf seinem Rüssel trägt er eine Brille, die Gläser sehen aus wie zwei Nullen. Gehalten wird
die Brille, von zwei langen Bügeln, die hinter die großen Elefantenohren führen.
Damit wurde eine bildliche Repräsentation der 200 sowie der übrigen relevanten
Informationen geschaffen.

A picture is worth a thousand words, heißt es sehr zutreffend. Im Bild lassen
sich „zwei- oder auch mehrdimensionale Bezüge" auf eine Art und Weise abbilden,
die sprachlich wegen des „lineare[n] Verlauf[s] von Sprache eher Schwierigkeiten
macht. Abbildungen haben zudem die Eigenheit, dass sie im visuellen System
als mentale Bilder abgespeichert werden. Durch die doppelte Kodierung, sowohl
sprachlich als auch als mentales Bild, wird die Behaltensleistung verbessert"
(ARNDT/SAMBANIS 2017: 159).

Aber nicht nur das innere Auge, das beim Elefanten-Beispiel adressiert wurde,
kann beim Schaffen von Bildern genutzt werden, vielmehr können, oftmals schon
mit ein paar Strichen und etwas Geschick, kleine Zeichnungen erstellt werden
(nicht unbedingt von der Lehrkraft, es gibt eigentlich in jeder Klasse zeichneri-
sches Potenzial!). Gerade im Präsentationsbereich gibt es eine Auswahl an Zei-
chenkursen, mit denen man schnell das entsprechende Handwerk erlernen kann
(z. B. RACHOW/SAUER 2015, SEIBOLD 2018, BLAKE/CASSIDY 2010). Vieles lässt sich
außerdem z. B. in Standbildern darstellen. Verschiedene Möglichkeiten, Bilder zu
entwickeln und Variationen der bekannten Standbildtechnik im Unterricht zu nutzen, werden in den sich anschließenden Praxisimpulsen dargestellt.

Standbilder

Die Standbildtechnik ist der Klassiker unter den Theaterübungen. Das liegt vor allem darin begründet, dass sie einfach und vielseitig im Fremdsprachenunterricht einsetzbar ist (vgl. Schewe/Woodhouse 2018 sowie Walter 2016). Im Folgenden wird zunächst die Basisübung gezeigt, um dann mehrere Varianten der Auswertung vorzustellen. Wie also funktionieren Standbilder?

Standbilder sind eingefrorene Szenen. Die Idee stammt vom Film, der angehalten wird und somit eine Momentaufnahme zeigt. Als Vorstellung können auch eine Fotografie oder eine menschliche Skulptur dienen, die es gilt, gemeinsam in der Gruppe zu konstruieren. Um ein Standbild vorzubereiten, gibt man der Gruppe eine klare Darstellungsaufgabe z. B. eines allgemein bekannten Objekts wie etwa die amerikanische Freiheitsstatue, die in der Gruppe gemeinsam mit den Körpern modelliert werden soll. Je nach Sprachniveau kann die Entwicklung eines Standbilds in der Fremdsprache oder auf Deutsch moderiert werden. Ein klassisches Anwendungsfeld von Standbildern sind literarische Texte (vgl. z. B. Walter 2011): Eine Geschichte kann in Abschnitte aufgeteilt und in Kleingruppen bearbeitet werden. Jede Gruppe erhält die Aufgabe, den jeweiligen Handlungsabschnitt der Geschichte in ein Standbild oder eine Folge von maximal fünf Standbildern umzusetzen. Für die Präsentation muss die richtige Reihenfolge der Textabschnitte gefunden werden, und die Bilder werden von den restlichen Gruppen zunächst beschrieben und anschließend interpretiert. Auch ganze Kapitel eines Romans können durch eine Gruppe mit mehreren Standbildern umgesetzt werden. Häufig gibt es den Effekt, dass Schülerinnen und Schüler dann unbedingt auch die restlichen Textabschnitte oder Kapitel (nach-) lesen möchten. Neben literarischen Texten können auf diese Weise auch Sachtexte visualisiert werden: Ob nun landeskundliche Texte, Bau- oder Kochanleitungen, Grammatikerklärungen, Wettervorhersagen, Gesetze oder Texte aus Reiseführern, selbst mathematisch-naturwissenschaftliche Texte (vgl. Kramer 2013) lassen sich auf diese Weise visualisieren.

Das Erschaffen eines solchen Standbildes oder einer Standbild-Sequenz kann eine Phase der nochmaligen Befassung mit vorher Enkodiertem bilden und, in einer ruhigen Atmosphäre durchgeführt, ggf. die ersten Nachbereitungsschritte und das Festhalten des gerade Erarbeiteten stützen.

Der didaktische Hintergrund

Die Erarbeitung eines Standbilds kann als ein Sprechanlass genutzt werden; gerade fortgeschrittene Lerner sollten das Standbild in der fremden Sprache entwickeln. Hierbei können Modalverben, der Imperativ oder die *lassen*-Konstruktion als zu verwendende sprachliche Strukturen vorgegeben werden. Im Anfängerbereich muss auch auf die L1 zurückgegriffen werden.

Bei der Auswertung eines Standbilds fungiert es für die anderen Gruppen als ein zweiter Sprechanlass. Hierbei wird zunächst das Standbild beschrieben. Es handelt sich um eine klassische Bildbeschreibung, die den Schülerinnen und Schülern in vielen Unterrichtssituationen bzw. in Prüfungen abverlangt wird. Die entsprechenden Redemittel (*im Vordergrund, im Zentrum, im Hintergrund liegt/steht/sitzt ..., sein/ihr Arm/Bein/Unterarm/Oberarm/...*) werden bei der Beschreibung intensiv geübt. Erst am Ende dieser Beschreibung werden mögliche Lösungen durch die Lernenden präsentiert und auch hier können wieder typische Redemittel (*Es könnte sich um ... handeln*) als sprachliches Gerüst (*Scaffolding*) bereitgestellt werden. Das *Scaffolding* kann im weiteren Verlauf Schritt für Schritt abgebaut werden.

Da dieser Zweischritt aus Beschreiben und Interpretieren nach wenigen Durchläufen etwas eintönig werden kann, gibt es verschiedene Techniken, Standbilder auszuwerten. Beispielsweise kann die Lehrkraft als *Teacher in Role* auftreten und die Rolle eines Jurors in einem Kunstwettbewerb übernehmen, wobei die gesamte Zuschauergruppe nun eine Jury spielt, die das eingereichte Kunstwerk – das Standbild – für das Protokoll beschreibt und dann auch interpretiert. Die Lehrkraft kann in ihrer Rolle weiterführende Fragen stellen.

Eine andere Form ist die *Armrede*, wobei zwei Lernende das Bild beschreiben: S1 legt seine Hände auf den Rücken und zwar so, dass S2, der hinter S1 steht, seine Arme durch die angewinkelten Arme von S1 stecken kann. S2 leiht dadurch sozusagen S1 seine Arme. S1 beschreibt oder erklärt, S2 macht dazu spontan die Gesten. Die anderen in der Klasse platzieren sich so, dass sie das Tandem von vorne anschauen können. Bei der *Armrede* kommt es immer zu komischen Effekten, weil die Gestik lustig wirkt. Um die *Armrede* weiter reizvoll zu erhalten, begibt sich die Lehrkraft ebenfalls ins Spiel. Sie reicht S2 die Hand und spricht S1 direkt in einer Rolle an (z. B. als Professorin bei einem Konferenzvortrag, die sich zu einem interessanten Bild äußern, dieses erklären soll) und stellt an dieser Stelle zielführende Fragen.

Abb. 4: *Armrede*

Eine dritte Möglichkeit ist das *Orakel von Delphi*. Auch hier beschreiben und interpretieren zwei Lernende das Standbild. Sie sprechen wie aus einem Mund. Kaum zu glauben, aber es funktioniert! Dies wird vorbereitet, indem die Lehrkraft das Sprechen mit einem Schüler oder einer Schülerin gemeinsam demonstriert. Dabei schauen sich beide in die Augen und die Lehrkraft beginnt ganz langsam einen Satz zu sprechen und fordert das Gegenüber auf, sofort mitzusprechen (z. B. *Hallo, ich habe ...*). Das Gegenüber wird ein Angebot machen (z. B. *... Hunger*), auf das sich die Lehrperson einlässt. Man spricht also gemeinsam, ohne dass man weiß, wie die Sätze lauten. Die Sätze entstehen im gemeinsamen Sprechen, hierbei werden Kombinationen aus Wörtern genutzt, die häufig zusammen vorkommen (wie z. B. *Guten Tag!* oder *Die Hunde bellen.*) In der Sprachwissenschaft nennt man diese Kombination aus Wörtern *Kollokationen*. Wichtig bei dieser Übung ist, dass das Sprechen gemeinsam – also simultan – versucht wird und nicht einer der beiden Beteiligten die Sätze spricht und der andere diesen nur folgt.

Eine spannende Gruppenaktivität wäre noch das Beschreiben eines Standbilds Wort für Wort, wobei jede/r Lernende der Reihe nach nur ein Wort sagen darf.

Bei bestimmten literarischen Genres, z. B. bei Märchen, finden sich Übersetzungen in unterschiedlichen Sprachen. Eine Folge von Standbildern zu den einzelnen Szenen, die die Geschichte bilden, könnte genutzt werden, um die Handlung eines Textes (der in mehreren Sprachen verfügbar oder sogar bekannt ist) durch Kommentare Bild für Bild nachzuerzählen. Dabei kann ein Standbild auf Deutsch, ein weiteres z. B. auf Türkisch, ein drittes auf Englisch usw. kommentiert und auf diese Weise eine vielsprachige Erzählsituation geschaffen werden. Das Verstehen der Geschichte wird durch die Standbilder sichergestellt, die sprachlichen Kommentare bilden ein eigenes Hörerlebnis, eine Art mehrsprachiges narratives Patchwork, das sich auch für eine Aufführung, z. B. bei einem Schulfest eignet. Auf diese Weise kann eine Geschichte erzählt und in Momentaufnahmen dargestellt sowie beim Erzählen gezeigt werden, welche Sprachen in der Klasse vertreten sind und wie sie sich anhören. Dadurch kann die Vielfalt der sprachlichen Ressourcen in einer Klasse sichtbar gemacht, Akzeptanz und Neugier geweckt werden. Andere Sprachen erfahren auf diese Weise eine Wertschätzung im Klassenzimmer (vgl. WALTER 2019).

P6 Texte chunken

In diesem Kapitel geht es darum, wie eine fremde Sprache in den Kopf gelangt. Sowohl Emotionen als auch die Kognition spielen eine große Rolle, wenn eine fremde Sprache mehr oder weniger lange im Gedächtnis bleiben soll. Das betrifft nicht nur einzelne Wörter, sondern ganze Wortgruppen und, davon abgeleitet, grammatische Strukturen. Im ungesteuerten Erwerb werden diese Strukturen aus dem fremdsprachigen Input herausgefiltert und internalisiert. Dies sind zum Teil unbewusste Prozesse, bei denen größere sprachliche Einheiten – die bereits weiter oben erwähnten *Chunks* – verarbeitet werden. Beim sogenannten *Chunken* von sprachlichen Einheiten kommt es darauf an, sich Mehrworteinheiten zu merken, sie zu automatisieren und auch zu produzieren. Für die folgende Übung wird dieser Prozess angeregt und man benötigt hierzu einen dialogischen Text, beispielsweise aus einem Lehrwerk oder aus einem Drama.

Die Lehrkraft bittet die Gruppe, sich zunächst in einem Spalier aufzustellen. Jede oder jeder hat genau ein Gegenüber.

Zunächst wird die Übung durch die Lehrkraft und einen Lernenden für alle präsentiert. Der Text wird abwechselnd Zeile für Zeile gelesen, dann in die Augen des Gegenübers gesprochen. Die erste Reihe liest also einen Satz bzw. eine Zeile, während die Lehrkraft

Abb. 5: *Spalier*

leise „Lesen, lesen, lesen!" sagt und damit das Lesen und Sprechen rhythmisiert. Anschließend wird nach dem Signal der Lehrkraft („Und sprechen!") der entsprechende Satz in die Augen des Partners gesprochen. Das Ganze passiert chorisch, denn nur so wird sichergestellt, dass der Text auch korrekt gesprochen wird. Dabei hat diese Aktivität einen sehr positiven Effekt auf die Gruppendynamik in der Klasse, denn die gesamte Teilgruppe muss aufeinander hören und gemeinsam agieren. Nachdem der Dialogteil durch eine Reihe im Chor gesprochen wurde und ein kleiner Moment des Reagierens ohne Sprache ausgekostet werden konnte, wechseln die Rollen.

Der beschriebene Ablauf wird nun durch die andere Reihe wiederholt. Dem „Lesen, lesen, lesen!" folgt das Sprechen mit Augenkontakt: Paar für Paar, Sequenz für Sequenz, im steten Wechsel und dennoch im Chor.

Nachdem der gesamte Dialog auf diese Weise gelesen und gesprochen wurde, erhalten die Schülerinnen und Schüler eine Liste mit Emotionen, wie sie beispielsweise im kostenfrei im Internet publizierten Improwiki zu finden ist. Jede Reihe einigt sich auf eine Rangliste von interessanten, möglichst unterschiedlichen und dennoch beim Sprechen wirkungsvollen Adjektiven. Bei Sprachanfängerinnen und -anfängern gibt man eine Auswahl von ca. fünf Adjektiven in die beiden Reihen (Beispiele in nachstehender Tabelle).

positive Gefühle	negative Gefühle
sicher	verärgert/ängstlich
glücklich	müde
stolz	aggressiv
verliebt	traurig
überrascht	nervös

Tabelle 2: *Emotionen als Spielvorlagen zum Chunken*

Bevor die Texte in zwei ausgewählten Emotionen – beispielsweise verliebt und angeekelt – gesprochen werden, wird die jeweilige Emotion mit einer konkreten Situation verbunden. Dazu fragt die Lehrkraft, wann man beispielsweise besonders verliebt ist und typischerweise in wen, oder aber vor was man sich ekelt. Die Situationen werden kurz vor dem Sprechen durch die Lehrkraft immer wieder wachgerufen und verstärkt. In diesen möglichst starken Emotionen werden die Texte erneut im Spalier gelesen (begleitet von der murmelnden Lehrperson „Lesen, lesen, lesen!") und von den beiden Halbgruppen chorisch gesprochen.

Der didaktische Hintergrund

Man kann mehrere Emotionspaare verwenden, hinzu kommen Variationen in der Lautstärke (laut/leise) in der Dynamik (kraftvoll/verhalten), im Sprechtempo (langsam/schnell) im Status oder Alter einer Figur (hoch/tief, jung/alt) oder auch Kombinationen aus diesen Paaren. Wichtig ist die lustvolle Wiederholung in einer chorischen Performance, möglichst in kontrastierenden Paaren. In der Verknüpfung von Kontrasten – also sprachlich gesehen Gegensatzpaaren/Antonymen – wird gleichzeitig der adjektivische Wortschatz deutlich stärker vernetzt, denn auch dieser Wortschatz wird mit der Übung effizient geübt.

Am Ende sind die gesprochenen Sätze bei den meisten Schülerinnen und Schülern gut verankert und man hat eine ausgezeichnete Basis, um mit den Dialogen kleine Spielszenen zu erarbeiten, aber auch, um von hier aus mit der Grammatikarbeit zu starten, um gefrorene grammatische Informationen aus den *Chunks* aufzubrechen (vgl. HANDWERKER/MADLENER 2009). Um das Ablesen bei dieser Technik zu verhindern, hat es sich als nützlich erwiesen, wenn man beim Sprechen die Hand mit dem Text hinter den Rücken nehmen muss. Darauf sollte die Lehrkraft bei den ersten Durchgängen achten ebenso wie auf den Augenkontakt.

Der Text sollte zumindest im Anfangsbereich zunächst gehört und mitgesprochen werden, bevor er gelesen und selbst gesprochen wird. Bei einem Lehrwerkstext kann dies als Hörtext durch die CD erfolgen. Korrekturen sollten nach dem ersten Durchlauf erfolgen bzw. als eine unmittelbare Korrektur im Chor. Die Lehrkraft kann hierzu Hinweise zur Aussprache geben, bei schwierigen Lautfolgen kann eine Bewegung zugeordnet werden, die hilft, die Lautfolge zu visualisieren oder auch zu entwirren. Bewegung und Wort sollten dann einige Male im Chor zusammen geübt werden (zum Lernen mit Bewegungen vgl. Kap. 1). Da bei *Texte chunken* Formen und Sätze eingeschliffen werden, sind Fehler später nur unter großem Aufwand zu korrigieren. Es ist also wichtig, das Sprachmaterial, mit dem umgegangen werden soll, vorher tatsächlich sorgsam zu erarbeiten.

Merk-würdige Bilder bauen

Die Gruppe bewegt sich durch den Raum. Wenn die Lehrkraft eine Zahl zwischen 1 und 5 sagt, finden sich die Lernenden schnell zu einer Gruppe mit der entsprechenden Anzahl von Spielern zusammen. In den immer neuen Kleingruppen werden *merk-würdige* Bilder gebaut, indem Redewendungen, die mit dem Körper spielen (wie beispielsweise jemandem unter die Arme greifen), wörtlich genommen und in dieser Art und Weise dargestellt werden: Die Schülerinnen und Schüler greifen sich gegenseitig unter die Arme. Die Lehrkraft oder ein Lernender erklärt im Anschluss die übertragene Bedeutung (jemandem helfen). Die Gruppen trennen sich, die Lernenden gehen durch den Raum und bilden neue Gruppen.

Der didaktische Hintergrund

In den Sprachen der Welt gibt es unterschiedliche sprachliche Bilder. Besonders *merk-würdig* sind die Bilder, die mit Teilen unseres Körpers zu tun haben: Was genau bedeutet es, die Beine in die Hand zu nehmen, ein Auge zuzudrücken, den Buckel runterzurutschen oder jemandem auf die Füße zu treten?

Redewendungen haben eine übertragene Bedeutung. Die Beine in die Hand nehmen bedeutet schnell (weg-)zulaufen. Wenn jemand einem den Buckel runterrutschen kann, wird man darunter verstehen, dass der Angesprochene dem Buckelinhaber egal ist.

Abb. 6: *Den Buckel runterrutschen*

Bei dem Spiel kommt es darauf an, die Redewendungen nun nicht in der übertragenen Bedeutung in eine körperliche Aktion umzusetzen, sondern es ganz wörtlich zu tun, also wirklich den Buckel runterzurutschen oder aber die Beine in die Hand zu nehmen. In der Fremdsprache sind die übertragenen Bedeutungen häufig nicht bekannt, sodass die Lehrkraft diese dann erklären kann.

Viele inspirierende Beispiele für dieses Spiel mit deutschen Redewendungen finden sich in der Phraseologie von HESSKY/ETTINGER (1997) sowie in Phraseo, dem Onlinewörterbuch für Redewendungen, Redensarten und Schimpfwörter. Sammlungen mit Redewendungen im Englischen, wie z. B. *head over heals, cat got your tongue* usw., finden sich ebenfalls im Internet (Suchbegriff „englische Redewendungen").

Es bietet sich an, auch den Vergleich zu anderen Sprachen durch die Schülerinnen und Schüler herstellen zu lassen. Damit werden die Vielfalt und der Reichtum der sprachlichen Bilder in den verschiedenen Sprachen sichtbar.

2 *Neurodidaktischer Kommentar:*

Ergänzung und Abrundung

Wie organisiert sich eigentlich das mehrsprachige Gehirn?

In diesem und dem vorausgegangenen Kapitel wurden mehrmals Hinweise zum Einbinden von Herkunftssprachen gegeben. Daher sollen an dieser Stelle aktuelle Erkenntnisse zu der Frage, wie sich mehrere Sprachen im Gehirn organisieren, zusammenfassend dargestellt werden.

Die im Kindesalter erworbene(n) Sprache(n) wird bzw. werden in den am besten für sprachliche Funktionen geeigneten Regionen im Gehirn verortet. Dabei sind die Faktoren Häufigkeit, Intensität und Qualität der sprachlichen Interaktionen entscheidend. Werden die Sprachen über längere Zeit regelmäßig verwendet, festigen sich deren Repräsentationen im Gehirn immer mehr und die Strukturen in den Sprachzentren verdichten sich, d. h. die ab dem Kindesalter erworbenen Sprachen machen sich richtiggehend breit in den Sprachzentren.

Soll zu einem späteren Zeitpunkt in der Biografie eine weitere Sprache erlernt werden, scheinen sich dem Gehirn zwei Optionen zu bieten: Entweder, die neue Sprache versucht, sich in die bereits gefestigten Strukturen der Erstsprache(n) hineinzudrängen oder sie weicht aus auf andere Hirnbereiche. Das Hineindrängen in bereits bestehende Netzwerke gelingt jedoch in der Regel nur, wenn Teile des Netzwerks noch labil sind. Bei einer regelmäßig gebrauchten Sprache ist dies nicht der Fall, sodass das Hineindrängen mühsam und nur begrenzt realisierbar ist. Deswegen nutzt das Gehirn beim Sprachenlernen jenseits des Kindesalters meistens noch andere Hirnregionen und zwar solche, die Gedächtnisinhalte speichern. Diese sind nicht auf Sprache spezialisiert und liegen mitunter in der anderen Hirnhälfte.

Dass Sprachenlernen jenseits der Kindheit oft als mühsamer erlebt wird, hängt also nicht nur damit zusammen, dass wir uns später schlichtweg nicht mehr genau daran erinnern, wie intensiv wir bei unserer Erstsprache Lautbildungs- und Sprechversuche unternommen, wie oft wir nachgeahmt und wie oft wir uns geirrt haben, bis wir sprechen konnten, sondern auch damit, dass das Gehirn später Zentren hinzuziehen muss, die keine reinen Sprach-Spezialisten sind. Das ist jedoch per se kein Problem und auch nicht schlecht, denn: Das Gehirn wächst mit und an seinen Herausforderungen.

Übrigens sind auch bei weiteren Sprachen wieder die Häufigkeit, Intensität und Qualität des Sprachkontakts entscheidend, wozu Theatermethoden einen wertvollen Beitrag leisten können. Ferner spielen der Zeitpunkt des Lernens und der Grad der sprachlichen Kompetenz eine Rolle bei der Organisation der Sprachen im Gehirn.

Wie kann man Unterrichtsphasen gestalten, die das erste Nachbereiten zumindest nicht stören?

Wie in diesem Kapitel dargestellt, braucht das Gehirn die Möglichkeit, in den Offline-Modus zu wechseln, um nachbereiten und Inhalte stabilisieren zu können. Wird die Nachbereitung gestört, z. B. indem auf eine Phase intensiver Konzentration gleich wieder eine Phase der Fokussierung folgt, indem ähnliche Inhalte direkt hintereinander gelehrt werden oder auch, indem mit demselben methodischen Repertoire zuerst der eine Inhalt, dann gleich ein zweiter erarbeitet wird, können Inhalte gelöscht oder gewissermaßen verdrängt werden, anstatt sich zu stabilisieren.

Oben wurde gezeigt, dass dem Schlaf eine besondere Rolle bei der Nachbereitung zukommt. Das spricht nicht nur für ausreichend Nachtschlaf, sondern ist auch ein stichhaltiges Argument für den Mittagsschlaf. Allerdings ist es selten möglich, eine intensive Lernphase unmittelbar durch eine Schlafphase abzulösen. Es muss dem Gehirn also gelingen, die Repräsentationen dessen, was es für potenziell relevant hält, zumindest über den Tag hinweg zu bewahren. Dafür schaltet es auch zwischendurch sozusagen immer wieder auf stumm, wir driften weg mit der Aufmerksamkeit und das Gehirn hält kurz Innenschau. Man bezeichnet dieses Stummschalten auch als *Default-Mode* und meint damit eine Zwischenphase, in der das Gehirn die ohnehin ständig ablaufende interne Kommunikation fokussiert. Manche sprechen auch von einem Ruhemodus, allerdings erweckt das möglicherweise falsche Vorstellungen, denn im *Default-Mode* herrscht keineswegs Ruhe im Kopf, was sich u. a. anhand des Energieverbrauchs nachweisen lässt, der keineswegs einbricht (vgl. MAIER 2013).

Allerdings sind regelrechte Rückzugsmomente im Wachzustand mitunter rar bzw. kurz, und der Strom der Reize und Informationen, die das Gehirn erreichen, reißt nicht ab. Das lässt sich nicht grundsätzlich ändern, und das Gehirn ist auch, so lange es nicht zu ständiger Reizüberflutung kommt, darauf eingestellt (z. B. indem es die großen Nachbereitungsprozesse im Schlaf durchführt oder Rückzugsmomente im Tagesverlauf trotz allem immer wieder beansprucht). Aber das Wissen um die Fragilität von neu Enkodiertem (vgl. Kap. 2.2) darf Lehrende dennoch dazu veranlassen, die Unterrichtsgestaltung im Hinblick auf die Frage zu überprüfen, ob und wann den Lernenden im Unterrichtsverlauf Rückzugsmöglichkeiten gegeben werden. Im Zuge der Erforschung des *Default-Mode* wird zunehmend deutlich, wie wichtig dieser Modus ist. Es wird aktuell auch untersucht, ob er bei verschiedenen psychischen Erkrankungen und bei Alzheimer eine Rolle spielt (vgl. hierzu MAIER 2013: 24 f.).

Sprachunterricht mit Theatermethoden ist besonders bewegt und abwechslungsreich, erzeugt einen hohen Energiepegel. Das hat viele Vorteile und eröffnet Potenziale, von denen der vorliegende Band einige aufzuzeigen versucht. Ohne dieses Potenzial kleinreden zu wollen, ist es dennoch im Kontext der hier gestellten Frage wichtig, darauf hinzuweisen, dass der Einsatz von Theatermethoden nicht dazu führen soll, die Lernenden mit Abwechslung und Bewegung geradezu zu überwältigen. Es ist nicht Ziel, einen atemlosen Aktionismus im Klassenzimmer zu erzeugen, sondern Lernphasen durch Theatermethoden zu beleben und zu intensivieren, sie aber im Wechsel mit Reflexionsimpulsen und Innehalten einzusetzen. Manche Theatermethoden eignen sich, wie oben schon kurz in Zusammenhang mit Standbildern erwähnt, für ein Innehalten, Verarbeiten und Rückschauen, andere sind eher auf spontanes Agieren und Anwenden und dabei oftmals auf ein gewisses Tempo beim Ablauf ausgerichtet.

Auch ein sich auf Theatermethoden stützender Sprachunterricht braucht Phasen der Entschleunigung, am besten solche, die günstige Bedingungen für das Durchdringen von neu Gelerntem, das Sich-Zu-Eigen-Machen der Inhalte sowie ggf. für einen Wechsel in den *Default-Mode* schaffen. Die Erforschung dessen, was hier tatsächlich und nachweislich förderlich sein kann, ist noch im Gange, aber einige Vorgehensweisen scheinen vielversprechend, um ein erstes Nachbereiten und Festhalten zu unterstützen.

Nach einer Phase der konzentrierten Auseinandersetzung mit (neuen) Inhalten können Lernende gebeten werden, das, was sie im Gedächtnis behalten haben, zu visualisieren oder in einem kurzen Text darzustellen. Letzteres klingt vielleicht zunächst *old school*-artig, aber man kann den Schreibimpuls interessant gestalten, beispielsweise durch Aufgabenstellungen der folgenden Art:

◆ Schreiben für außergewöhnliche Adressaten
Auch das zusammenfassende und Gedächtnisinhalte reaktivierende Schreiben kann zu einem *merk-würdigen* Lernereignis werden, wann man z. B. das gerade im Unterricht Bearbeitete so niederschreiben soll, dass man die Inhalte auf diese Weise einem freundlichen Außerirdischen oder Zeitreisenden darlegen könnte. Das Schreiben von Hand sollte übrigens nicht unterschätzt werden. Es kann effektiv zur Gedächtnisbildung beitragen, dabei helfen, dass Inhalte durchdrungen und gespeichert werden. Aktuelle neurowissenschaftliche Erkenntnisse belegen, dass das Schreiben von Hand zu einer Aktivierung visueller und motorischer Areale führt. Es kann somit als eine Form von *Embodied Learning* betrachtet werden (vgl. Kap. 1). Verbindungen zwischen den beteiligten Gehirngebieten werden nachweislich durch den Schreibvorgang aufgebaut (weitere Informationen zum Schreiben finden sich bei ARNDT in BÖTTGER/ SAMBANIS 2018).

◆ Einen Fünfzeiler verfassen
Ein anderer kreativer Schreibimpuls, der zur Rückschau veranlasst, ist der sogenannte *Fünfzeiler*: Man notiert zunächst etwa acht zentrale Begriffe (oder neu eingeführte Vokabeln, je nach Inhalt kann zwischen acht und zehn variiert werden). Um wirklich zur Ruhe zu finden und jede bzw. jeden zum Reaktivieren der Inhalte zu bewegen, arbeitet jeder Lernende in dieser Phase am besten für sich. Von den Begriffen werden fünf ausgewählt (ggf. kann an dieser Stelle die Bildung von Tandems ermöglicht werden). Zu jedem Wort wird dann ein Satz geschrieben und zwar so, dass sich die Sätze zu einem fünfzeiligen Gedicht zusammenfügen (pro Zeile ein Satz, pro Satz ein zentraler Begriff). Der Fünfzeiler muss sich nicht reimen, darf sich aber reimen, falls es sich ergibt.

◆ Fehlertexte berichtigen, Quizfragen generieren
Weitere Möglichkeiten, um bei den Inhalten zu verweilen und möglichst wenige potenziell ablenkende Impulse von außen zu setzen, wären das individuelle Bearbeiten eines Fehlertextes oder das Formulieren von Fragen zum Inhalt mit dem Ziel, diese Fragen später in einen Fragenpool für ein Klassenquiz einzuspeisen.

◆ Entspannung, innere Bilder und Phantasiereisen einsetzen

Wenn es zum Unterrichtsstil der Lehrkraft und zum Arbeitsstil der Klasse passt, kann auch eine kurze Phase mit einfachen Atem- und Entspannungsübungen eingelegt werden (viele Jugendliche sind offen für Yoga oder Pilates, in diesem Spektrum gibt es Geeignetes und auch für junge Lernende Akzeptables). Die Übungen lassen sich koppeln mit dem Schaffen von mentalen Bildern zu den Inhalten (vgl. hierzu Kap. 2.3). Es scheint plausibel, auch die im Theaterumfeld sehr beliebten Phantasiereisen als geeignet zu betrachten, um die Phase der Fragilität methodisch sinnvoll zu gestalten. Allerdings stellt sich bei Phantasiereisen mit der Zeit gerne ein Sättigungseffekt ein, sodass dies nicht das einzige Mittel der Wahl sein sollte. Eindeutige Befunde, wann und welche Art von Phantasiereisen förderliche Effekte zeigen (mit Musik oder ohne, mit den erarbeiteten Inhalten gestaltet oder bewusst losgelöst davon, optimale Dauer der Phase etc.), liegen allerdings noch nicht in ausreichender Dichte vor.

◆ Lernerträge durch Lernprotokolle bewusst machen

Für längere Theaterprojekte im Fremdsprachenkontext hat es sich zudem bewährt, am Ende eines Probentages individuelle Lernprotokolle verfassen zu lassen. Dabei werden sowohl Fragen zum Spracherwerb (für die Lernenden neue Wörter sowie neue Strukturen bzw. Wörter und Strukturen, die geübt wurden) als auch zum Theater (*Welche Bilder/Szenen haben dir besonders gefallen? Warum?*) und ggf. zur Persönlichkeitsentwicklung (*Was habe ich für mich ganz persönlich erfahren? Was hat mich überrascht?*) gestellt. Diese Protokolle können ritualisiert am Ende von Probentagen eingesetzt werden. Die Schwierigkeit für die Lehrkraft besteht darin, regelmäßig die Zeit (ca. 5–10 Minuten) zur Verfügung zu stellen, auch wenn man diese ebenso für ein dynamisches Gruppenspiel nutzen könnte. Ein nicht zu unterschätzender Nebeneffekt ist, dass durch den Reflexionsprozess spielerische Aktivitäten und daraus resultierende Zugewinne für den Lernprozess oftmals erst bewusst wahrgenommen und wertgeschätzt werden. Während die Protokolle verfasst werden, hat die Lehrkraft Zeit, sich auf der Basis der Reflexionen mit einzelnen Lernenden zu beschäftigen.

Zusammenfassend lässt sich festhalten, dass es verschiedene Optionen gibt und dass es nicht immer das Arbeitsblatt sein muss, mit dem Ruhe und Rückschau angestoßen werden können. Einige Alternativen wurden aufgezeigt.

Sprechen Theatermethoden das episodische Gedächtnis besonders an?

Im episodischen Gedächtnis werden persönliche Erlebnisse und außerdem wichtige Ereignisse des öffentlichen Lebens gespeichert. Am episodischen Gedächtnis ist das limbische System maßgeblich beteiligt. Dieses System ist ein Zusammenschluss mehrerer Hirnkerne, die Reize emotional beurteilen. Das episodische Gedächtnis ist ereignisorientiert und Emotionen spielen eine wichtige Rolle. Dasselbe gilt für viele Theatermethoden, sodass angenommen werden darf, dass sie das episodische Gedächtnis in besonderer Weise ansprechen. Wie oben schon erwähnt, werden Inhalte nicht zwingend nur in einem Gedächtnissystem gespeichert, sondern z. B. oftmals zusammen mit Erinnerungen an Erlebnisse. Manchmal verblassen diese mit der Zeit, man erinnert sich nur noch vage an die konkrete Situation oder sie fließt ein in eine Erinnerung an mehrere ähnliche Situationen, während die erworbenen Inhalte (semantisches Gedächtnis) verfügbar bleiben. Auf dem Weg über das episodische Gedächtnis kann es gelingen, Inhalte auch im semantischen Speicher zu verankern.

Das ist jedoch nur dann möglich, wenn die Unterrichtssituation aus Sicht der Lernenden eine gewisse Erlebnisqualität erreicht. Erlebnisqualität herzustellen, scheint nicht immer einfach bzw. nicht immer möglich zu sein, und auch Routinen und wiederkehrende Abläufe haben ihre Berechtigung, allerdings eröffnen Theatermethoden wunderbare Möglichkeiten, um auch besondere Lernerlebnisse zu schaffen – und zwar oft auf ganz einfache, aber dennoch eindrucksvolle Art und Weise. In der Fremdsprachendidaktik wird in diesem Zusammenhang häufig mit dem Prinzip der Handlungsorientierung argumentiert.

Ein erster Ansatzpunkt, um Handlungsorientierung zu erreichen und Erlebnisse im Unterricht ermöglichen zu können, besteht z. B. darin, Lehrwerksdialoge nicht nur vorlesen zu lassen, sondern deren kontextuelle Einbettung ins Bewusstsein zu holen, und dann die Dialoge mit entsprechendem Ausdruck, ggf. einigen Hintergrundgeräuschen (*Soundscapes*), als Lesetheater oder kleine Inszenierungen vertiefend zu erarbeiten. Weitere Vorschläge zum Erreichen einer gewissen Erlebnisqualität liefern die Praxisimpulse im vorliegenden Band.

Teenager als Zielgruppe 3

In den vorausgegangenen Kapiteln wurden Erkenntnisse zum Lehren und Lernen von Sprachen vorgestellt, die zumeist nicht auf ein bestimmtes Lernalter eingegrenzt sind. Auch verschiedene der bereits vorgeschlagenen Theaterimpulse können, teils mit Adaptierungen oder im Deutschunterricht (anstatt in einer Fremdsprache), bei Lernenden unterschiedlicher Altersstufen eingesetzt werden. Letztlich legt aber *In Motion* einen besonderen Schwerpunkt auf die Arbeit in der Sekundarstufe und damit auf das Sprachenlernen im Jugendalter.

Diese Entwicklungsphase ist eine einzigartige und überaus wertvolle. Sie bietet besondere Potenziale, die jedoch, aus durchaus nachvollziehbaren Gründen, nicht immer entdeckt und vielfach nur punktuell adressiert werden. Im Folgenden werden die besonderen Potenziale der Jugendzeit herausgearbeitet und damit wertvolle Ansatzpunkte für das Anstoßen von Lernprozessen aufgezeigt.

3.1 Kognitive Potenziale von Jugendlichen

Die Jugendzeit ist eine ganz besonders wichtige Entwicklungsphase. Ihre Relevanz ist der der ersten Lebensjahre durchaus vergleichbar. Während in der öffentlichen Wahrnehmung die Bedeutung der frühen Kindheit inzwischen zumindest in wichtigen Aspekten erfasst wurde (was nicht bedeutet, dass die Erziehungs-, Bildungs- und Betreuungsrealität dieser Bedeutung tatsächlich immer gerecht würde bzw. werden kann), fristet die zweite besonders wichtige Entwicklungsphase, die Adoleszenz und hier insbesondere die Pubertät, in gewisser Hinsicht noch immer ein Schattendasein. Die Pubertät wird vielfach als eine Problemphase beschrieben und wahrgenommen. Nun soll keineswegs behauptet werden, dass das Ablöseverhalten, die Grenzüberschreitungen, die oftmals schnellen und dadurch unreflektierten Reaktionen Jugendlicher etc. sowie die Neuorganisation von Beziehungen einfach oder ein Quell besonderer Wonne wären – übrigens meistens für keinen der Beteiligten –, aber all das darf nicht darüber hinwegtäuschen, dass Jugendliche ganz wichtige und zum Teil auch besonders umfassende Entwicklungen durchlaufen – nicht zuletzt im Kopf (zum Altersfaktor allgemein, vgl. GREIN 2013: 59–67).

Das Gehirn wird im Jugendalter sukzessive um- bzw. nachstrukturiert. Weiter auf- und ausgebaut wird das, was tatsächlich benutzt wird. Besonders intensiv und lange werden die Regionen hinter der Stirn umgebaut, die eigentlich verhaltensregulierend und vorausschauend tätig sein sollten. Bestimmte Dinge fallen dadurch dem jungen Menschen schwerer, zumal, salopp gesagt, seine „Spaßzentren" gerade besonders aktiv sind, während das Kontrollsystem noch nicht ausgereift ist. Das Gehirn ist aber trotz der Umstrukturierungen keineswegs außer Betrieb, es sucht zu kompensieren und es kann sich nur in dem Maße weiterentwickeln, in dem geeignete Erfahrungen gemacht werden.

Ein großes Potenzial jugendlicher Lerner ist, und das mag auf den ersten Blick erstaunen, ihre Kognition. Die kognitive Entwicklung schreitet voran und zwar ohne durch die o.g. pubertären Vorgänge beeinträchtigt zu werden (vgl. ARNDT/SAMBANIS 2017: 49). Während bei jüngeren Kindern kognitive Prozesse in der Regel in lokal begrenzten Hirngebieten ablaufen, setzt etwa im Alter von 8½ eine Verschiebung hin zu einer nach und nach zunehmenden Vernetzung der Hirngebiete ein (vgl. ARNDT/SAMBANIS 2017: 48). Bestimmte Entwicklungsprozesse im Gehirn, die im Zuge der Umbauarbeiten in der Pubertät ablaufen, ermöglichen schließlich eine stärkere Vernetzung auch über weitere Strecken hinweg. Das Resultat ist eine Verbesserung der kognitiven Leistungen, eine Zunahme des abstrakten und vernetzenden Denkens und der Komplexität des Denkens. Die Pubertät ist ein Optimierungsprozess, der nicht nur die vielzitierten und oft beklagten „Nebenwirkungen" zeigt, sondern von dem u.a. die kognitiven Fähigkeiten maßgeblich profitieren.

Jugendliche verfügen durch die Verbesserungen, die im Bereich der kognitiven Leistungen zu verzeichnen sind, über ein großes und für weiteres Lernen besonders wertvolles Potenzial, allerdings ist die Bereitschaft zu dessen Nutzung nicht automatisch hoch – im Gegenteil. Die Devise, der Jugendliche vielfach folgen, lautet: Anstrengungen meiden, Energie für „Wichtiges" aufsparen. Und was ist wichtig? Alles, was Spaß macht oder zumindest Spaß zu machen verspricht.

Das kognitive Potenzial ist also besser als jemals zuvor vorhanden, aber es konkurriert mit dem großen Verlangen nach Spaß im Jugendalter, wodurch sich das jugendliche Gehirn mit einer extrem schwierigen Entscheidung konfrontiert sieht: Es muss mit der zur Verfügung stehenden Energie haushalten. Die Ressourcen müssen klug eingesetzt werden. Was aber bedeutet *klug* aus Sicht eines Pubertierenden? Soll man die verfügbare Energie für etwas verwenden, von dem man ziemlich sicher sein kann, dass man schnell einen Belohnungseffekt erleben und Spaß haben kann oder sollte man sie in kognitive Anstrengung investieren? Wer kann aber prognostizieren, dass sich die Anstrengung lohnt, wann wird sie sich lohnen und kann jemand garantieren, dass das Ganze auch Spaß macht?

Tatsächlich können Jugendliche Versuchungen schlechter widerstehen als Erwachsene, weil sich die Gehirnbereiche, die auf Reize reagieren, die Spaß und rasches Belohnungserleben in Aussicht stellen, in einer Phase des Wachstums befinden und verstärkte Reaktionen zeigen (vgl. ARNDT/SAMBANIS 2017: 49). Entwicklungsbiologisch betrachtet hat die hohe Aktivität dieser Hirngebiete gute Gründe, aber auf der Alltagsebene betrachtet führt sie u.a. dazu, dass es Jugendlichen schwerer fällt, zugunsten längerfristiger Ziele schnelle Spaßerlebnisse und unmittelbar angenehme Tätigkeiten zurückzustellen.

Für Lehrkräfte ist es gut, zu wissen, dass der sprichwörtliche Schweinehund, den es immer wieder zu überwinden gilt, bei Pubertierenden besonders dick und wehrhaft ist und offenbar auch den Weitblick versperrt. Es braucht Kraft, ihm zu trotzen, aber die Weiterentwicklung des Gehirns erlaubt es, diesen Kraftakt zumindest hin und wieder zu vollbringen und an den dadurch ermöglichten Erfahrungen zu wachsen, d.h. die sogenannten Frontalhirnfunktionen (u.a. Inhibition, zu exekutiven Funktionen vgl. den *Neurodidaktischen Kommentar* am Ende des Kapitels) weiterzuentwickeln.

Abb. 7: *Innerer Schweinehund*

3

3.2 Kreativitätsentwicklung

Der Begriff *Kreativität* umfasst mehrere Komponenten, insbesondere Flexibilität, Originalität und gedankliche Beweglichkeit. Dies sind auch die Basiskomponenten von divergentem Denken, das immer dann zu beobachten ist, wenn Menschen sich nicht mit einer einzigen Lösung, Idee oder Erklärungsmöglichkeit zufriedengeben, sondern versuchen, Vielfalt zu erreichen, unterschiedliche Sichtweisen einzunehmen usw. Das divergente Denken ist das zentrale Konstrukt, auf das sich die Erforschung der Kreativitätsentwicklung bezieht. Dabei werden die Qualität, Vielfalt und Originalität kreativer Produkte bzw. Ideen beurteilt (vgl. BÖTTGER/SAMBANIS 2017: 98 ff.).

Bei der Betrachtung der Kreativitätsentwicklung über das Kindes- und Jugendalter hinweg fällt auf, dass es um das Einschulungsalter herum, wenn das Kind in die Welt des institutionalisierten Lernens eintritt, zu einem Rückgang des divergenten Denkens kommt. Da Kreativität als eine Schlüsselkompetenz mit hoher Zukunftsbedeutung betrachtet wird, stimmt dieser Befund nachdenklich, und er wirft zurecht die Frage auf, inwieweit dies wünschenswert bzw. akzeptabel erscheint, aber der Rückgang lässt sich zumindest plausibel erklären: Die Institution fordert von den Kindern Anpassungen, eine gewisse Grundkonformität, die mit der Übernahme der Rolle der Schülerin oder des Schülers einhergeht. Da scheint erst einmal Vorsicht geboten mit allzu viel Divergenz.

Immerhin stabilisiert sich die Kreativitätsentwicklung dann aber wieder, der Verlauf schreitet fort, bis es zum nächsten Einbruch kommt und zwar im Laufe der vierten Klasse. Betroffen ist vor allem die Originalität. Der Rückgang soll auf das Einsetzen der Vorpubertät bzw. der Pubertät zurückzuführen sein (bei Mädchen setzt die Pubertät etwa mit 10 Jahren ein, also zum Zeitpunkt des genannten Einbruchs in Klasse 4, bei Jungen etwa mit 11 oder 12 Jahren). Ein weiterer leichter Rückgang der Kreativitätsentwicklung zeigt sich dann, wenn auch die Jungen in der Pubertät sind, also im Alter von 12 Jahren.

Danach aber kommt es bemerkenswerter- und erfreulicherweise zu einem stetigen Anstieg der Kreativitätsentwicklungskurve, die um das Alter von 16 einen Höchststand erreicht.

Abb. 8: *Kreativitätsentwicklung im Kindes- und Jugendalter*

Jugendliche besitzen also nachweislich beachtliches kreatives Potenzial – natürlich mit interindividuellen Unterschieden. Viele scheinen sich dieses Potenzials nicht bewusst zu sein, und natürlich zeigt auch hier wieder der oben beschriebene Schweinehund-Mechanismus Wirkung, was dazu führt, dass Heranwachsende sich z. B. nicht unbedingt und von sich aus auf divergentes Denken einlassen, wenn eine einfache Lösung auch ausreichen könnte.

Festzuhalten bleibt, dass sich mit den besonderen Entwicklungsfortschritten im Jugendalter sowohl kognitive als auch kreative Möglichkeiten eröffnen, die, wenn sie didaktisch und methodisch auf geeignete Weise adressiert werden, große Lernpotenziale bieten.

3.3 Motorische Entwicklung in der Pubertät

Die Pubertät ist auch im Hinblick auf die motorische Entwicklung eine entscheidende und einzigartige Phase: Bis zum 12. Lebensjahr werden bereits zahlreiche motorische Funktionen angelegt, sodass Jugendliche fein- und grobmotorisch in der Regel gut ausgestattet sind. Mit der Pubertät wird ein Plateau erreicht, d. h. eigentlich müssten Teenager ihre Motorik kaum noch verbessern, und trotzdem stehen sie vor besonderen motorischen Herausforderungen, wie im Folgenden gezeigt wird.

Das kindliche Wachstum lässt sich in drei Phasen einteilen: In den ersten beiden Lebensjahren wächst das Kind schnell, ganz besonders im Säuglingsalter. Dann verlangsamt sich die Wachstumsgeschwindigkeit zunehmend und Phase 2 setzt im Alter von drei Jahren ein. Sie zeichnet sich durch relativ langsames, eher stetiges Wachstum aus und dauert mehrere Jahre, nämlich bis zum Einsetzen der Pubertät. Das Kind wächst in Phase 2 etwa um moderate 5 cm im Jahr. Es bilden sich entsprechende Repräsentationen im Gehirn aus, die jeweils nur geringfügig im Zuge des Wachstums nachjustiert werden müssen. Dann aber folgt Phase 3 in der Pubertät. Sie zeichnet sich durch oftmals rasant ablaufende Wachstumsschübe aus. Eine Zunahme der Körperlänge von 10–12 cm pro Jahr, also mindestens doppelt so viel wie in Phase 2, ist keine Seltenheit.

Dabei verläuft das Körperwachstum in der Pubertät nicht unbedingt symmetrisch. Einzelne Körperteile wachsen früher als andere, z. B. wachsen plötzlich die Füße, der Jugendliche braucht ganz schnell Schuhe drei Nummern größer, die Beinlänge ist jedoch noch wie zuvor. Das bringt die Proportionen des Körpers aus der Balance. In der Folge werden die motorischen Leistungen und die Bewegungskoordination ungenauer und, nachvollziehbarerweise, ungeschickter, bis alles neu kalibriert werden konnte (vgl. LARGO/CZERNIN 2011 zitiert in BÖTTGER/SAMBANIS 2017: 57).

Um möglichst schnell und effizient nachjustieren zu können, braucht der Jugendliche motorische Herausforderungen und Bewegungsmöglichkeiten. Durch die bereits bis zum Beginn der Pubertät erworbenen motorischen Funktionen gelingt Jugendlichen die Neukalibrierung in der Regel gut und auch neue Bewegungsabläufe werden häufig rascher von Teenagern erworben als von Erwachsenen.

Insgesamt bildet die motorische Entwicklung in der Pubertät zugleich eine Herausforderung und eine Chance, die nicht nur den Sportunterricht betrifft, sondern im Fachunterricht berücksichtigt und auch als Ressource entdeckt werden sollte (vgl. Kap. 1 zu *Embodied Cognition*).

Wie aber bewegt man Teenager zum Lernen mit Bewegungen? Folgende Ansatzpunkte sind besonders vielversprechend:

◆ Kognition adressieren
Wie in Kap. 3.1 dargestellt, macht die kognitive Entwicklung in der Pubertät große Fortschritte, sodass die Bereitschaft, sich an einem Unterrichtsverfahren

zu beteiligen, das Bewegungen nutzt, darüber hergestellt werden kann, dass man die Jugendlichen über die Effekte informiert. Man berichtet ihnen, dass in Studien mit Lernenden ihres Alters nachgewiesen worden sei, dass sich neue Inhalte besser im Gehirn verankern, wenn man sie zusammen mit einer Bewegung einspeichert und beides einige Male zusammen wiederholt. Bei gleicher Zeitinvestition erhöht man so die Chancen, sich Neues merken zu können und das Gelernte nicht so schnell wieder zu vergessen. Das klingt, auch aus Sicht von Teenagern, vernünftig.

◆ Spaßfaktor erwähnen

Da das Teenager-Gehirn, wie gesagt, besonders intensiv auf Spaß machende Reize reagiert, kann das Spaßargument genutzt werden, um auch Jugendliche fürs Lernen mit Bewegungen zu gewinnen. Bewegung stellt schließlich eine Abwechslung zum Stillsitzen dar. Wenn man die zugeordneten Bewegungen z. B. wie bei *Der magischen Sieben* (vgl. Kap. 1) im Kreis weitergibt, kommt es meistens auch zu Momenten des gemeinsamen Lachens.

◆ Gemeinschaftserlebnisse ermöglichen

Jeder Mensch hat das Bedürfnis nach sozialer Eingebundenheit (*Basic Need*). Der Wunsch dazuzugehören und Teil einer Gruppe sein zu können, ist im Jugendalter besonders groß. Da das Nutzen von Bewegungen nicht nur eine Möglichkeit ist, um das individuelle Lernen, z. B. im Rahmen der Hausaufgaben, zu stützen, sondern sich besonders gut als Gruppen- bzw. Klassenaktivität eignet, können Gemeinschaftserlebnisse ermöglicht und Gruppendynamik gefördert werden.

◆ Schutzraum Kleingruppe eröffnen

Neben dem gemeinschaftlichen Anreichern des Lernvorgangs durch Bewegungszuordnungen im Klassenverbund können Inhalte auch in Kleingruppen zusammen mit den Bewegungen wiederholt bzw. zu neuen Inhalten Bewegungszuordnungen in Kleingruppen vereinbart werden. Das Arbeiten in kleineren Gruppen bietet den Lernenden, besonders bei selbstgewählten Gruppen, einen Schutzraum, in dem möglicherweise vorhandene Hemmungen geringer sind oder bestenfalls sogar wegfallen.

Die Frage, wie man Teenager zum Lernen mit Bewegungen animieren kann, wurde durch den Hinweis auf die vier besonders vielversprechenden methodischen Ansatzpunkte beantwortet: Kognition/Einsicht, Spaß, Gemeinschaft und Gruppe.

3

Gruppen bilden

Im Teenageralter verstärkt sich bei vielen das Gefühl, von anderen beurteilt zu werden. Damit können Unsicherheit und sogar das Gefühl einhergehen, ständig im Fokus zu stehen und andauernd wie vor einer Jury agieren zu müssen (zum *Imaginary-Audience*-Konzept vgl. BÖTTGER/SAMBANIS 2017: 51). Daher ist es gerade bei der Arbeit mit Heranwachsenden wichtig, das Gefühl der Sicherheit zu bestärken, z. B. durch verlässliche, sinnvolle Regeln, aber auch durch entsprechende Gruppenbildung. Aufgrund der angestrebten Wahrnehmung, sich in einem sicheren und geschützten Raum zu befinden, sollten Gruppen in bestimmten Fällen von den Schülerinnen und Schülern selbst gebildet werden. Demgegenüber steht die Idee, Gruppen immer wieder neu zu mischen, um auf diese Weise dafür zu sorgen, dass auch Lernende, die sonst nicht miteinander interagieren, zusammenarbeiten. Beides, das Steuern der Gruppenzusammensetzung und das Zulassen von Neigungsgruppen, kann je nach Unterrichtsziel seine Berechtigung und Vor- bzw. Nachteile haben. Wann also ist welches Gruppenbildungsverfahren sinnvoller?

Bei kognitiven Zielen oder erhöhtem Risiko (z. B. empfinden Teenager das Vorschlagen und Vormachen von Bewegungen teilweise als Risiko, besonders solche, die sich ständig beobachtet fühlen) sind selbstgebildete Gruppen besser als von der Lehrkraft gesteuerte bzw. Zufallsgruppierungen beispielsweise durch Losverfahren. Eine Gruppe, in der sich die oder der Lernende wohlfühlt, stellt ein entspanntes Feld dar. Man weiß als Gruppenmitglied, dass man Anschluss hat und kann sich auf das Inhaltliche konzentrieren, anstatt sich Sorgen machen zu müssen über die eigene Rolle, mögliche Ablehnung durch die anderen oder Gesichtsverlust. Ungünstige Personenkonstellationen verursachen Stress, wirken ablenkend vom Inhaltlichen und binden mentale Ressourcen. Lernende, die bereits öfter zusammengearbeitet haben und bei freier Gruppeneinteilung aus eigenen Stücken gerne wieder zusammen eine Gruppe bilden möchten, erreichen hingegen in der Regel eine Konstellation, in der positive soziale Resonanz entstehen kann (vgl. ARNDT/SAMBANIS 2017: 182). Das schafft förderliche Bedingungen für das Lernen sowie für kreative Einfälle.

Ist also das Ziel einer Gruppenarbeitsphase das Erreichen eines Wissenszuwachses oder auch das Arbeiten mit Bewegungen, das Generieren von kreativen Einfällen etc., dann sind selbstgewählte Gruppen oftmals die bessere Lösung als Zuteilungen. Geht es hingegen um das Entwickeln sozialer Kompetenzen, sind

Durchmischungen wichtig. Die Faustregel hierzu könnte lauten: Unterscheide zwischen Beziehungsarbeit und Lernarbeit!

Gruppenarbeit ist übrigens oft eine gute Sache im Unterricht, aber kein Alleinheilmittel. Bei Gruppenarbeit gilt es zu bedenken, dass sich ein Effekt einstellen kann, der in der Managementliteratur als *Loafing* (Faulenzen) bekannt ist. *Loafing*-Typen sind Menschen, die Vorteil aus Gruppenkonstellationen ziehen, im Sinne der angeblich wahren Bedeutung des Wortes *Team* als Akronym betrachtet: **T**oll, **e**in **a**nderer **m**acht's (vgl. OLSNITZ 2014). Auch im Klassenzimmer lassen sich bei Gruppenarbeit *Loafing*-Typen identifizieren, z. B. solche, die die Arbeit von anderen machen lassen, sich dann aber zum Gruppensprecher erklären und die Ergebnisse präsentieren als wären sie dem eigenen Hirn entsprungen.

Loafing-Typen haben übrigens weniger Chancen, sich zurückzulehnen und die Arbeit von den Anderen in der Gruppe machen zu lassen, wenn man Rollen zuteilt wie beispielsweise beim *Reciprocal Reading*: Hier wird den Gruppenmitgliedern vor dem Bearbeiten eines Textes jeweils eine Rolle und damit Verantwortlichkeit übertragen, deren Erfüllung von den anderen in der Gruppe bei Bedarf auch eingefordert werden darf (eine oder einer übernimmt es, beim gemeinsamen Erschließen eines Textes Vorhersagen zu treffen, ein anderes Gruppenmitglied fasst zusammen usw.). Alle Rollen sollen im Leseprozess berücksichtigt werden, der Leseprozess wird dadurch zugleich entschleunigt und angereichert, einem schnellen Durchjagen durch den Text ohne eigentliches Vordringen zur Substanz kann dadurch entgegengewirkt werden.

Die im Vorausgegangenen angestellten Überlegungen zu Potenzialen des Jugendalters, dem Überwinden möglicher Ablehnung von bestimmten Unterrichtsangeboten und dem Bilden von Gruppen sind natürlich auch im Kontext des Arbeitens mit theaterpädagogischen Impulsen relevant. Die nachfolgenden Praxisimpulse sollen Spiel- und Sprechanlässe liefern, die besonders die Gruppe Jugendlicher in den Blick nehmen.

3.5 Jugendliche und Theater(-methoden)

Teenager sind in der Theaterarbeit eine ausgesprochen spannende Gruppe. Auch hier gilt: Es ist keineswegs einfach, mit den Jugendlichen konstruktiv über einen längeren Zeitraum zu arbeiten, aber wenn es gelingt, gibt es denkwürdige Gruppenerlebnisse, die manchmal sogar für ein Leben prägend sein können. Viele Lehrkräfte wird man als Erwachsener häufig nur schemenhaft erinnern, den Theaterlehrer, der in interaktive Prozesse der Auseinandersetzung mit der Gruppe und sich selbst involviert ist, sie initiiert und auch lenkt, hingegen lebhaft. Die Bedeutung der Theaterarbeit in der Adoleszenz hat viele Gründe: den Spaßfaktor, die Gruppeneinbindung, das körperbezogene Bearbeiten der eigenen Themen, das Ausprobieren in geschützten Räumen und natürlich auch der Einbezug der emotionalen Ebene. Dadurch können aus Sicht vieler Pädagoginnen und Pädagogen personale Kompetenzen wie die Selbststärkung der Schülerinnen und Schüler gefördert werden, es darf aber nicht vergessen werden, dass die Entwicklung der Persönlichkeit keineswegs einfach nachzuweisen ist (vgl. DOMKOWSKY/WALTER 2012).

Wer mehr über die Theaterarbeit mit Jugendlichen erfahren will, dem seien die beiden Bücher von Maike Plath ans Herz gelegt, der es gelingt, mit dem autobiografischen theatralen Zugang Jugendliche zu erreichen (PLATH 2009 sowie PLATH 2014). Der Film *ACT! Wer bin ich?* (2017, Regie Rosa von Praunheim) gibt einen guten Eindruck in ihre Arbeitsweise.

Dreierklatschen

Im Theater spricht man häufig von Impulsen, mit denen gearbeitet wird. Ein Impuls kann ein Satz sein, der geäußert wird und eine Reaktion bei einem Spielpartner auslöst, oder aber eine Bewegung, eine Geste, die wiederum im Spiel zu einer Reaktion führt. Im gemeinsamen Spiel sendet man also einen Impuls an jemanden oder man empfängt einen solchen Impuls. Auf Impulse wird reagiert, indem man sie akzeptiert oder aber blockiert. Die einfachste Art, mit einem Impuls zu spielen, ist ein Klatschkreis. Hierbei wird ein Klatschimpuls im Kreis weitergegeben. Wichtig ist, dass man auf Schnelligkeit achtet und trotzdem die Impulse zunächst empfängt und dann erst weitergibt. Häufig sind Jugendliche jedoch schnell gelangweilt vom Klatschen im Kreis. Hier gibt es nun folgende Variation: Die Klasse wird in Dreiergruppen geteilt. Ein Klatschimpuls wird innerhalb der Dreiergruppe weitergegeben: Derjenige, der angeklatscht wird, gibt das Klatschen weiter. Nach ca. einer Minute un-

terbricht die Lehrkraft das Spiel und ändert die Regel. Diejenige oder derjenige, der nicht angeklatscht wird, muss den Impuls weitergeben. Das klingt einfacher als es ist! Denn auf der körperlichen Ebene empfangen wir klare Signale, auf die wir reagieren (wollen). Mit dieser kleinen Änderung erreicht man ein hohes Maß an Konzentration und im besten Fall den Übergang in das Agieren im Augenblick.

Abb. 9: *Dreierklatschen*

Der didaktische Hintergrund

Dreierklatschen ist ein einfaches *Warm-up* und kann jederzeit spontan auch als Bewegungsphase zum Ausgleich im Fachunterricht (vgl. Kap. 1) eingesetzt werden. Der Impuls führt dazu, dass sich die Lernenden als Gruppe oder Kleingruppen zusammenfinden, einander wahrnehmen und sich beim Empfangen und Weitergeben der Impulse auch einmal in die Augen sehen, also Kontakt aufbauen. Es wird schnelle Reaktionsfähigkeit trainiert, wobei *Dreierklatschen*, insbesondere in der vorgeschlagenen Variation, die exekutiven Funktionen adressiert (nämlich Inhibition und kognitive Flexibilität, vgl. hierzu den *Neurodidaktischen Kommentar* am Ende dieses Kapitels).

Spiele mit Stühlen

Das Improvisationstheater arbeitet in der Regel nur mit wenigen Requisiten, häufig sogar mit dem *Leeren Raum*. Dieser in der Theaterwissenschaft viel diskutierte Raum (vgl. BROOK 2009) lässt sich auch in einem Klassenzimmer schnell und einfach generieren. Mit ein paar Handgriffen kann Platz geschaffen werden, der dann Raum für die Entwicklung der Phantasie gibt. Was jedoch im *Leeren Raum* auf Bühnen des Improvisationstheaters nicht fehlen darf, sind Stühle. Sie sind eines der wichtigsten Mittel, um Räume physisch zu konturieren, indem unterschiedliche Raumebenen geschaffen werden. Stühle können im Spiel Sicherheit geben, man kann sich an ihnen festhalten, sie verlassen, auf sie zugehen und sie einnehmen. Sie bieten eine Hilfe im häufig offenen und damit nicht absehbaren (zwar spannenden, aber auch riskanten) Prozess des Theaterspiels. Teenager suchen das Risiko und die Sicherheit im Spiel. Eine Spielerin oder ein Spieler, der bewusst auf einem Bühnenstuhl Platz nimmt, hat bereits einen wichtigen Schritt zur Erarbeitung einer Figur vollzogen.

Im Folgenden werden wir exemplarisch Spielimpulse mit Stühlen vorstellen.

Sein Ziel in der Gruppe finden: Ein Spiel mit vielen Stühlen

P9

Im Raum befinden sich nur Stühle, die Tische sind an die Seite gestellt. Jede Schülerin und jeder Schüler hat genau einen Stuhl. Die Klasse wird gebeten, sich im Raum gleichmäßig mit den Stühlen zu verteilen und sich auf die Stühle zu setzen. Die Lehrperson stellt nun ihren Stuhl zwischen sich und der Gruppe auf und tritt ein paar Schritte zurück. Dann bewegt sie sich langsam wie ein Monster (gerne mit den entsprechenden Geräuschen) und versucht, sich auf den freien Stuhl zu setzen. Die Gruppe kann dies verhindern, indem sich jemand auf den freien Stuhl setzt. Dadurch wird der eigene Stuhl frei und das Monster hat ein neues Ziel. Bei diesem Spiel gilt: Wer zuckt, muss den Stuhl wechseln! Wenn die Lehrkraft ihr Ziel erreicht hat, wird die- oder derjenige zum Monster, die/der zuletzt ihren/seinen Stuhl verlassen hat.

Der didaktische Hintergrund

Die wichtigste Anweisung ist die, dass sich das Monster langsam bewegt. Die Idee, ein Monster zu verkörpern, erhöht den Spaßfaktor. Sollte sich jedoch eine Lehrkraft nicht sicher sein, ob die Klasse damit zurechtkäme oder sollte sie Gesichtsverlust fürchten (in manchen Teenager-Gruppen könnte die Sorge berechtigt sein), kann man sich ersatzweise auch einfach in Zeitlupe fortbewegen (ohne Monster-Bewegungen und ohne Monster-Geräusche).

Dieses Spiel fördert die Wahrnehmung der Gruppe und führt zu einer hohen Konzentration bei großer Dynamik. Es setzt außerdem einen Bewegungsimpuls.

Im Fremdsprachenkontext kann dieses Spiel variiert werden, indem man Wortkarten aus einem unterrichtsrelevanten Wortfeld (z. B. Dinge aus einem Supermarkt) auf den Stühlen anbringt. Der Lernende, der sich von einem zum anderen Stuhl bewegt, muss dann jeweils laut und deutlich das Wort in den Raum rufen bzw. einen Satz mit ihm bilden. Auch landeskundliches Wissen (wie die Bundesländer mit den Landeshauptstädten oder die Regionen Frankreichs mit den Hauptorten etc. – je nach Zielsprache) können auf diese Weise geübt werden: Rheinland-Pfalz und Mainz stehen beispielsweise auf einer Karte. Wenn man aufsteht, nennt man das Bundesland, wenn man sich auf den neuen Stuhl setzt, die Landeshauptstadt. Die restliche Klasse kann eingebunden werden, indem sie im Anschluss Stadt und Bundesland wie ein Echo wiederholt. Natürlich kann so auch z. B. die Steigerung von Adjektiven oder Ähnliches als Wiederholung ins Spiel eingebunden werden.

Eine andere Variation wird durch den Einsatz von Bewegungsverben ermöglicht. Sie können als Wörter und gleichzeitig Anweisung, wie man sich auf dem Weg zwischen den Stühlen zu bewegen hat (*hüpfen, tanzen, laufen, ...*), vorgegeben werden. Auf eine weitere interessante Variante hat ein Kollege, Fion Woodhouse, in einem Workshop aufmerksam gemacht: In einer vorbereitenden Phase definieren die Schülerinnen und Schüler ein persönliches Ziel (z. B. das Vorhaben einer Sprachreise), und alle in der Gruppe überlegen sich, was man konkret tun kann, um das Ziel zu erreichen (Vokabeln lernen, Grammatik üben, Geld sparen, indem man einen Ferienjob sucht etc.). Jede/r entscheidet sich für einen Ratschlag (z. B. *Such dir doch einen Ferienjob!*). Wenn man den Stuhl wechselt, wird dieser Rat gerufen. Im Deutschen sollte die Struktur aus Imperativ und Modalpartikel *doch* vor dieser Variante erläutert werden. Von der Sprache abgesehen, kann diese Variante des Spiels Schülerinnen und Schülern bewusst machen, wie man Ziele in kleine Portionen aufteilt und ein großes Ziel langsam, aber stetig verfolgt.

Dies ist gerade im Teenageralter nicht selbstverständlich, denn Jugendliche tun sich oft schwer mit dem Verfolgen und schrittweisen Angehen von größeren, weiter entfernten Zielen (warum das so ist, wurde in Kap. 3.1 erklärt). Es macht Sinn, das Aufteilen in Etappenziele z. B. auf diese Weise spielerisch zu üben.

3

Der lebende Briefwechsel: Ein Spiel mit zwei Stühlen

P 10

Ein stärker auf Sprache basierendes Theaterspiel ist *Der lebende Briefwechsel*. Zwei Spieler (S 1, S 2) sitzen dabei auf jeweils einem Stuhl, Rücken an Rücken. Sie sehen sich also nicht an, sondern hören sich nur.

S 1 gibt vor, einen Brief an S 2 zu schreiben und spricht dabei vor sich hin, begleitet also auf diese

Abb. 10: *Der lebende Briefwechsel*

Weise den angeblichen Schreibvorgang durch Verbalisierung des Brieftextes. S 2 hört zu und beantwortet anschließend den Brief auf dieselbe Weise. In der Regel geht man zunächst auf den Inhalt des Vorgängerbriefs ein und schreibt dann weiter, sodass schließlich eine kleine Geschichte entsteht. Das Ganze kann in mehreren Spielzügen entwickelt werden.

Der didaktische Hintergrund

Die Lehrkraft kann in der jeweiligen Zielsprache Impulse setzen, um die Geschichte zu dramatisieren bzw. auf ein Ende hinzuführen (z. B. *Doch dann geschieht etwas ganz Unerwartetes./Doch dies hatte die Familie nicht erwartet./*Zum Beenden: *Noch ein letzter Brief.*) Wird der Schreibvorgang gestisch dargestellt, führt das zu einer Verlangsamung der spontan vorgetragenen Briefe (und damit zur bewussteren Gestaltung der Szene).

Bevor die Briefe verfasst werden, sollte der prinzipielle Aufbau eines Briefs abgesichert sein: Es gibt einen Ort und ein Datum, eine Gruß- und Abschlussformel. Auch eine Wortschatzreaktivierung und das Sammeln von Formulierungen, die nützlich sein könnten (z. B. abschließende Grußformeln unterschiedlichen Vertrautheitsgrades), sind im Sinne von *Scaffolding* sowie zur kognitiven Aktivierung und Wiederholung von Sprachmaterial sinnvoll.

In diesem Spiel entwickeln sich oft sehr tiefgründige Geschichten, abhängig von der Zeit und dem Ort, der auch von den Zuschauenden vorgegeben werden kann. *Der lebende Briefwechsel* eignet sich für ein Sprachniveau ab B1. Er fördert insbesondere das Hörverstehen und das Sprechen. Auf niedrigeren Stufen kann man den Briefwechsel kleinteiliger als kürzeres Textformat, nämlich als Whatsapp-, Mail- oder SMS-Verlauf aufbauen.

Der heiße Stuhl: Ein Spiel mit einem Stuhl

P11

In Theaterprozessen werden häufig Figuren entwickelt. Eine der Methoden dieser Figurenarbeit ist *Der heiße Stuhl*. Hierbei sitzt eine Schülerin oder ein Schüler auf einem besonderen Stuhl (beispielsweise ein Stuhl vor der Klasse oder aber ein Stuhl mit einem Tuch verhangen). Wer auf diesem *heißen Stuhl* sitzt, schlüpft in die Rolle einer Figur und kann entweder spontan einen kleinen Monolog in der Rolle dieser Figur sprechen, also frei improvisieren oder aber auf konkrete Fragen antworten (*Wie alt bist du? Hast du Geschwister? Wo wohnst du? Was war der Lebenstraum deiner Großeltern? Beschreibe deine Küche...*).

Diese Aktivität lässt sich auf vielfache Weise modifizieren. Im nachfolgenden Abschnitt werden einige Möglichkeiten aufgezeigt und kommentiert.

Der didaktische Hintergrund

Der heiße Stuhl ist für Teenager oft besonders spannend, denn hier können fremde Welten erkundet werden. Wer hat sich schon einmal wirklich in einen Nero, einen Hamlet, eine Angela Merkel oder eine Lady Gaga hineinversetzt und sich dabei gefragt, was man wohl als diese Person frühstückt, ob man Kinder aufziehen oder vielleicht Alpakas züchten will oder was man in fünf Jahren zu tun plant? Für alle Theaterspiele sollte man strikt den theatralen Raum fiktionalisieren, also einen Schutzraum des *Als Ob* für die Spielerinnen und Spieler schaffen. Ein wichtiger Hinweis sollte von Anfang an befolgt werden: Auf der Bühne sollten keine Namen aus der Klasse bzw. aus deren Umfeld genannt werden. Auf dem *heißen Stuhl* sitzt nicht Noah-Elias aus der 8b, sondern z. B. Tom Ellis, der Hauptdarsteller der Serie *Lucifer*, und Noah-Elias reagiert ausschließlich auf Tom bzw. Mister Ellis und antwortet ganz in dieser Rolle.

Um die Wahrnehmung eines geschützten Raums bei Bedarf noch verstärken zu können – das Einnehmen des Platzes auf dem *heißen Stuhl* ist aus Lernendensicht durchaus ein gewisses Wagnis (Teenager sind zwar entwicklungsbedingt eigentlich sehr risikofreudig, nur nicht unbedingt im Unterricht bzw. nicht unbedingt im Sinne des Unterrichts) – kann man die Konstellation erweitern: Wer auch immer aus der Klasse bereit ist, den *heißen Stuhl* einzunehmen, darf sich seinen persönlichen Assistenten oder seine persönliche Assistentin mitnehmen. Diese Person stellt sich hinter den *heißen Stuhl* und kann bei Bedarf einspringen, Fragen, die an die Berühmtheit gerichtet werden, können an den Assistenten delegiert werden. Beispielsweise kann die Berühmtheit auf dem *heißen Stuhl* vorgeben, rasch eine Textnachricht abhören zu müssen, sodass ein Ausklinken aus dem Gespräch und ein Beantworten der Frage durch die assistierende Person auch aus dramatischer Sicht stimmig erscheint. Zu zweit lässt sich oft eine solche Herausforderung leichter annehmen.

Eine andere Variation, die ebenfalls den Druck verringert und sich z. B. bei zunächst zögerlicher Resonanz anbietet, ist das sogenannte *Multiple Hot Seating*: Dabei sitzen, ähnlich wie beim Briefwechsel oben beschrieben, zwei oder in der Regel sogar drei Lernende mit dem Rücken zueinander. Gemeinsam verkörpern sie die eine Berühmtheit, die für die Befragung auf dem *heißen Stuhl* ausgewählt wurde. Sie können die Fragen spontan im Wechsel beantworten oder der Reihe nach immer wieder in der Runde herum, wobei hier ein Signal vereinbart werden kann, das bedeutet: Ich passe, kann die Frage nicht beantworten. Damit wird die Beantwortung der Frage an die oder den Nächsten in der Dreierrunde weitergegeben. Man kann diese Möglichkeit vorab limitieren, z. B. darf jede oder jeder nur einmal aussetzen und weitergeben.

Auch wenn es bei *Der heiße Stuhl* im Theaterprozess primär um die Einfühlung in eine Figur geht, kann diese Form sprachdidaktisch natürlich ebenfalls sehr gut genutzt werden, z. B. um die Syntax der Fragen zu üben. Für den kommunikativen Erfolg ist es von großer Bedeutung, Fragen angemessen stellen (natürlich auch beantworten) zu können, allerdings werden im Unterricht die meisten Fragen von der Lehrkraft, nicht von den Lernenden gestellt. *Der heiße Stuhl* gibt die Möglichkeit, das Formulieren von Fragen sinnvoll situativ eingebettet zu üben.

P12

Die Heldenreise

Das Geschichtenerzählen ist eine elementare Kulturtechnik (vgl. hierzu Kap. 2.5). Im Film und Theater sind besonders Geschichten präsent, in denen sich ein Held (oder natürlich auch eine Heldin, wenn im Folgenden vom Held die Rede ist, kann dies ebenso gut eine Heldin sein!) auf eine Reise begibt und ein Abenteuer besteht. In der Klasse wird gemeinsam eine solche Geschichte, eine so genannte Heldenreise, erzählt. Für den Fremdsprachenunterricht wird ein vereinfachtes strukturierendes Gerüst vorgegeben, mit dem man eine Heldenreise konstruieren kann. Zunächst legt man fest, wer der Held ist, wie er heißt, welche Hobbys er hat usw. Für die Erarbeitung dieser Figur kann auch *Der heiße Stuhl* (vgl. P 11) genutzt werden. Dann präsentiert die Lehrkraft auf Karten die folgenden 11 Phasen der Reise Schritt für Schritt (vgl. Phasen der Heldenreise nach WALTER 2019):

◆ Das ist der Alltag.
◆ Es gibt ein Problem.
◆ Der Held geht auf die Reise.
◆ Jemand versucht, den Helden aufzuhalten/zu stoppen.
◆ Der Held geht wirklich auf die Reise.
◆ Der Held trifft den Antihelden.
◆ Der Held bewährt sich.
  (Es gibt einen Kampf.)
◆ Der Held ist fast am Ziel.
◆ Es gibt noch ein Problem.
◆ Der Held löst das Problem.
◆ Der Held kehrt zurück nach Hause.

Bei jedem Schritt erzählen die Schülerinnen und Schüler, was genau in dieser Phase passiert. Erst, wenn sich die Gruppe einig ist, welchen Weg der Held als nächstes beschreitet, geht man zum nächsten Schritt über.

Der didaktische Hintergrund

Das Konzept der Heldenreise gibt ein strukturierendes Schema für eine Geschichte vor. Es geht zurück auf Joseph Campbell, der sich mit dem Mythos beschäftigte (vgl. Campbell 1953) und wurde besonders populär in der US-amerikanischen Drehbuchschule (vgl. Vogler 2010). Eine Heldenreise hat zwei Ingredienzen, die eine Geschichte zu einer guten Geschichte machen. Es sind die *typischen Figuren* wie der Held, der Antiheld oder der Mentor und es sind die *Phasen*, die ein Held durch-

Abb. 11: *Die Heldin*

laufen muss, um am Ende – verändert – an den Ausgangspunkt seiner Reise zurückzukehren. Viele Stückentwicklungen im Theater nutzen die Struktur einer solchen Heldenreise, aber auch Langformate im Improvisationstheater, bei denen ein Abend lang eine kohärente Geschichte auf der Bühne gemeinsam frei improvisiert wird, basieren auf diesem Konzept.

Die Struktur hilft Sprachenlernenden, gemeinsam eine Narration zu entwickeln und dadurch ihre narrativen Kompetenzen zu erweitern. In Anfängergruppen genügt es, wenn die Lernenden beim Entwickeln der Heldenreise nur jeweils einen kleinen Satz beitragen. In fortgeschrittenen Gruppen können es durchaus längere Sequenzen sein, aber auch kleine Beiträge sind weiterhin willkommen, sodass alle Lernenden mitwirken können, nicht nur die besonders leistungsstarken. Wenn die Geschichte gemeinsam mündlich erzählt ist, kann sie weiter theatralisiert werden. Das postdramatische Theater stellt einen ganzen Werkzeugkasten für geeignete Gestaltungsmittel zur Verfügung (vgl. Plath 2009). Kleine Szenen können einen Abschnitt der Reise verdeutlichen, aber auch Standbilder (vgl. P 5) oder ein Bewegungschor, bei dem Schülerinnen und Schüler Handlungen in chorische Bewegungen umsetzen, bereichern die Präsentation. In einem Theaterprojekt in Afrika (vgl. Walter 2019) wurden auch die Erstsprachen der Schülerinnen und Schüler in die Reise eingebaut. Erzählt wurden Abschnitte in der jeweiligen Erstsprache, während zeitgleich eine Standbildsequenz präsentiert wurde, damit das Publikum der Geschichte folgen konnte (vgl. die didaktischen Hinweise zu P 5). Auch das Einbeziehen von Instrumentalmusik oder eines Liedes ist bei der theatralen Ausgestaltung einer Heldenreise möglich. Wie weit und wie mutig man den Weg des Theaters beschreitet, hängt von der Gruppe, der Lehrkraft und der zur Verfügung stehenden Zeit ab.

Kleine Heldenreisen lassen sich schon relativ kompakt erzählen. Hat man mehr Zeit zur Verfügung, können mehr Vorschläge entwickelt, das divergente Denken samt Kreativität noch deutlicher herausgefordert und zugleich mehr Spracharbeit betrieben werden. In einer Zeit, in der uns Vieles im Kurzformat begegnet, alles schnell gehen soll und in Häppchen aufbereitet serviert wird, oft kaum noch Zeit für ein Verweilen und Durchdringen ohne Ablenkung bleibt, können Formate wie die Heldenreise einen Gegenimpuls setzen. Sie können zur Entschleunigung beitragen und gerade Teenagern eine wertvolle Gelegenheit bieten, um lernen zu können, an einer Sache dran zu bleiben, gegebenenfalls kurzzeitige Unlust zu überwinden und Ausdauer zu entwickeln (vgl. hierzu die Anmerkungen zu Etappenzielen bei P 9). Das Umsetzen der Heldengeschichte in 11 konsekutiven Phasen stellt neben den oben genannten Potenzialen eine Möglichkeit zum Training sogenannter exekutiver Funktionen dar.

3 *Neurodidaktischer Kommentar:*

Ergänzung und Abrundung

Was sind eigentlich exekutive Funktionen und wie steht es um sie im Teenageralter?

Zu den exekutiven Funktionen zählen u. a. Priorisierung, Disziplin, Aufmerksamkeitssteuerung etc. Der Sammelbegriff fasst verschiedene geistige Funktionen zusammen, die der Handlungsplanung, -steuerung und -kontrolle dienen. Exekutive Funktionen bilden die Grundlage für höhere kognitive Leistungen. Mitunter werden sie als „Frontalhirnfunktionen" bezeichnet, da ihre neuronalen Korrelate, d. h. die korrespondierenden Aktivierungsmuster im Gehirn, besonders im Stirnhirn (Frontalhirn) liegen.

3

Wie in Kap. 3.3 erwähnt, wird die hinter der Stirn gelegene Region des Gehirns während der Pubertät besonders intensiv und lange umgebaut – erst in der Adoleszenz, etwa Mitte zwanzig, ist hier die Entwicklung angeschlossen. Das bewusste Steuern von Handlungen, das langfristige Verfolgen von Zielen, das Ausblenden von Ablenkungen etc. fallen daher Jugendlichen nachvollziehbarerweise schwerer als Erwachsenen, zumal, wie schon gezeigt wurde, die auf Spaß reagierenden Hirnzentren (sozusagen die Gegenspieler von Disziplin, Steuerung und Kontrolle) besonders aktiv im jugendlichen Gehirn sind. Zwar sucht das Gehirn fast immer nach Kompensationsmöglichkeiten, z. B. indem andere Regionen einen Teil der Funktionen übernehmen, aber exekutive Funktionen stellen eine besondere Herausforderung dar. Es handelt sich um übergeordnete Steuerungs- und Kontrollfunktionen, nicht um einfache und basale, die sozusagen leichter erfolgreich zu delegieren wären. Das Gehirn nutzt in solchen Fällen oft die noch unreifen Regionen mit, manchmal sogar besonders stark, was einerseits zwar zu mitunter nicht gerade perfekten Leistungen führt, andererseits aber die Hirnentwicklung voranbringt.

Möchte man versuchen, exekutive Funktionen begrifflich fassbar zu machen – was sinnvoll ist, denn Inhalte, die unser Gehirn nicht klar zu- und einordnen kann, empfinden wir zumeist als anstrengend und wenig befriedigend, wodurch sie löschanfällig werden – bietet sich das Modell von MIYAKE ET AL. an (vgl. ARNDT/SAMBANIS 2017: 71 f.). Hier werden drei Komponenten unterschieden:

◆ Arbeitsgedächtnis
◆ Inhibition
◆ Kognitive Flexibilität.

Im Arbeitsgedächtnis müssen Informationen kurzzeitig bereitgehalten sowie ggf. aktualisiert werden. Das Fassungsvermögen ist begrenzt (vgl. Kap. 2.3): Man geht beim Erwachsenen von etwa sieben Items aus, bei Kindern im Alter des Schuleintritts von ca. drei bis vier. Inhibition bedeutet Hemmung, Unterdrückung. Beim Lernen müssen z. B. Ablenkungen unterdrückt und ausgeblendet werden, selbst wenn sie vielleicht den „Spaßzentren" willkommen wären. Auch vorschnelle Reaktionen und unpassende Antworten (erst denken, dann reden – nicht unbedingt die größte Stärke von Jugendlichen) gilt es, zurückzuhalten. Die kognitive Flexibilität, im Englischen *Shifting*, bezeichnet die Fähigkeit, sich an Veränderungen anpassen zu können, z. B. bei einem Themenwechsel oder der Modifikation einer Aufgabenstellung.

Die drei Komponenten exekutiver Funktionen werden durch *Die Heldenreise* sowie die anderen in diesem Band geschilderten Theatermethoden auf vielfältige Weise angesprochen. Damit werden Anreize für die Weiterentwicklung dieser Funktionen besonders im Jugendalter gegeben. Zu mehreren der Aktivitäten werden Variationen vorgeschlagen, durch die die kognitive Flexibilität herausgefordert wird, oftmals auch die Inhibition (nicht in bisherige Aktionsmuster verfallen, diese unterdrücken, wenn die Aktivität variiert wurde) und, da mit sprachlichen Inhalten gearbeitet wird, muss auch das Arbeitsgedächtnis aktiv werden.

Durch verschiedene Studien, auch longitudinal angelegte, konnte die Bedeutung und der enge Zusammenhang zwischen exekutiven Funktionen und Lernprozessen sowie dem Bildungs- und sogar Lebenserfolg nachgewiesen werden. Die Entwicklung dieser wichtigen geistigen Funktionen schreitet vom Kindes- bis ins junge Erwachsenenalter hin fort. Die Pubertät bildet eine wichtige Phase in diesem Entwicklungsverlauf: Entsprechende Erfahrungen müssen gemacht, nicht immer vermieden oder etwa ständig dem inneren Schweinehund (vgl. Kap. 3.1) nachgegeben werden. Für die Entwicklung ist es vorteilhaft, wenn entsprechende Erfahrungen nicht erzwungen werden, sondern wenn es gelingt, reizvolle Erfahrungsmöglichkeiten, in denen exekutive Funktionen genutzt und weiterentwickelt werden müssen, zu schaffen. Die vorgeschlagenen Theaterimpulse verfolgen das Ziel, entsprechende Erfahrungen zu ermöglichen und zwar so, dass sie nicht als Zwang oder gar Strafe erlebt werden, sondern als Herausforderungen, die mit positiven Emotionen und Gemeinschaftserlebnissen einhergehen.

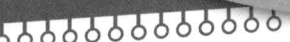

Anstelle eines Nachworts ...

Berlin, im Februar 2019

Liebe Leserin, lieber Leser,

wir möchten unser Buch mit einem zweiten Brief an Sie beenden. Briefe spielen im Theater eine besondere Rolle. In früheren Jahrhunderten kam häufig ein Bote – mehr oder weniger unvermittelt – auf die Bühne und überbrachte eine den Verlauf der Dinge entscheidend beeinflussende Nachricht. Keine Angst, eine solche Nachricht haben Sie von uns hier nicht mehr zu erwarten. Briefe können aber auch im Fremdsprachenunterricht eine Rolle spielen, sie können inszeniert werden, wie Sie vielleicht in unserem Buch mit der Methode des lebenden Briefwechsels erfahren haben. Und oftmals erzählen Briefe Geschichten, wofür sich, wie in Kap. 2.5 dargelegt, das Gehirn in der Regel interessiert.

Lassen Sie uns also dieses Buch mit einer kleinen Geschichte beenden und schauen wir dafür gemeinsam zurück in die Vergangenheit:

Im Frühjahr 2017 saßen eine Fremdsprachendidaktikerin und ein Fremdsprachdidaktiker in einem kleinen Café in der Altstadt von Zagreb. Beide kamen zu einer Tagung an das kroatische Goethe-Institut, um Vorträge über Performative Didaktik zu halten und Unterrichtsideen aus der Theaterpädagogik, gestützt auf neurowissenschaftliche Befunde, in Workshops auszuprobieren. Bevor die Konferenz startete, waren noch ein paar Stunden Zeit, um sich die kleine Balkanmetropole anzuschauen. Doch ein unerwarteter Regenschauer zwang beide zu einer Pause in einem kleinen Café, bei der die Idee des Buches, das Sie nun in den Händen halten, geboren wurde. In den nächsten zwei Jahren entwickelten die beiden gemeinsame Workshops und versuchten immer mehr Lehrkräfte zu ermutigen, über einen bewegenden und bewegten Unterricht auf einer wissenschaftlichen Grundlage nachzudenken und konkrete Ideen in der Praxis umzusetzen. Die anschließenden positiven Rückmeldungen aus Fortbildungen, universitären Veranstaltungen und vor allem auch der Schulpraxis haben die beiden dazu gebracht, diese Anregungen auch für ein größeres Publikum aufzuschreiben und dabei die Impulsgeber Theaterpädagogik und Neurowissenschaft immer wieder neu zu hinterfragen und zusammenzubringen. Nach zwei Jahren der Diskussion, des Entwerfens und Verwerfens gibt es nun *In Motion*.

Fast 80 Seiten der hoffentlich erkenntnisreichen und auch inspirierenden Lektüre von *In Motion* liegen nun hinter Ihnen. Sie haben wahrscheinlich einige Abschnitte gelesen, eventuell sogar alle drei Kapitel. Sie haben dabei vielleicht etwas Neues erfahren, sind in Ihrer Unterrichtspraxis bestätigt worden, haben aber möglicherweise auch Ihre Routinen im Unterricht in Frage gestellt. Im besten Fall haben Sie gleich schon den einen oder anderen Praxisimpuls ausprobiert, ob nun in der von uns vorgeschlagenen Form oder aber angepasst für Ihre spezielle Gruppe. Haben Sie keine Scheu, Spielanleitungen zu verändern! Probieren Sie sich aus und finden Sie das optimale Szenario für Ihre Klasse! Keine Klasse ist wie eine andere, und der Weg zu einer fremden Sprache muss immer wieder neu erkundet werden, denn er wird sich auch weiterhin verändern. Oder hätten Sie gedacht, dass Briefe einmal als unauthentisch gelten? Dazu – zum Nachdenken, Verändern und Justieren der eigenen Praxis – möchten wir Ihnen Mut machen! Vielleicht haben Sie sich auch über einen Impuls aus *In Motion* so geärgert, dass Sie daraufhin eine Alternative gesucht und mit dieser neuen Form am Ende Ihren Unterrichtsalltag verändert haben. Auch dies würden wir ganz hervorragend finden. Nachdem wir uns schwerpunktmäßig mit den Fragen des bewegten Lernens, des Gedächtnisses und dem Sprachenlernen im Teenageralter beschäftigt haben, wünschen wir ihnen nun, dass Sie auf dem Weg sind, um routinierten Unterricht zu verändern. Bleiben Sie in Bewegung!

Das wünschen Ihnen Michaela und Maik.

Literatur

Allgäuer-Hackl., E./Brogan, K./Henning, U./Hufeisen, B./Schlabach, J. (Hrsg.) (2015): *MehrSprachen? – PlurCur*. Hohengehren: Schneider.

Arndt, P. A./Sambanis, M. (2017): *Didaktik und Neurowissenschaften – Dialog zwischen Wissenschaft und Praxis*. Tübingen: Narr.

Beck, H./Anastasiadou, S./Meyer zu Reckendorf, C. (2016): *Faszinierendes Gehirn. Eine bebilderte Reise in die Welt der Nervenzellen*. Berlin; Heidelberg: Springer Spektrum.

Beck, H. (2014): *Hirnrissig: Die größten Neuromythen – und wie unser Gehirn wirklich tickt*. München: Hanser.

Bernstein, N./Lerchner, C.: (Hrsg.) (2014): *Ästhetisches Lernen im DaF-/DaZ-Unterricht. Literatur – Theater – Bildende Kunst – Musik – Film*. Göttingen: Universitätsverlag Göttingen.

Blake, Q./Cassidy, J. J. (2010): *Zeichnen für verkannte Künstler*. München: Kunstmann.

Böttger, H./Sambanis, M. (2018): *Focus on Evidence II – Netzwerke zwischen Fremdsprachendidaktik und Neurowissenschaften*. Tübingen: Narr.

Böttger, H./Sambanis, M. (2017): *Sprachen lernen in der Pubertät*. Tübingen: Narr.

Böttger, H./Sambanis, M. (2016) (Hrsg.): *Focus on Evidence – Fremdsprachendidaktik trifft Neurowissenschaften*. Tübingen: Narr.

Brook, P. (2009): *Der leere Raum*. 10. Aufl. Berlin: Alexander Verlag.

Bryant, D./Walter, M. (2016): Theater, Sprache und Geschichte. Theatralisierung von historischen Gegenständen im Kontext von Sprachförderung. In: *Zeitschrift für Theaterpädagogik*. 69.

Campbell, J. (2011): *Der Heros in tausend Gestalten*. Frankfurt/M.: Neuausgabe Insel-Verlag (EA Fischer Verlag, Frankfurt/M. 1953).

Colombo-Scheffold, S./Fenn, P./Jeuk, S./Schäfer, J. (Hrsg.) (2008): *Ausländisch für Deutsche. Sprachen der Kinder – Sprachen im Klassenzimmer*. Freiburg im Breisgau: Fillibach.

Csíkszentmihályi, M. (2008): *Flow. The Psychology of Optimal Experience*. New York: Harper & Row.

Domkowsky, R./Walter, M. (2012): Was kann Theater? Ergebnisse empirischer Wirkungsforschung. In: *Scenario: Sprache – Kultur – Literatur* VI (01), 104–126. Online verfügbar unter http://research.ucc.ie/scenario/2012/01/07-domkowskywalter-2012-01-de.pdf. (zuletzt geprüft am 24.10.2018)

Eagleman, D. (2017): *The Brain – Die Geschichte von dir*. München: Pantheon (3. Auflage).

Grein, M. (2013): *Neurodidaktik. Grundlagen für Sprachlehrende*. Ismaning: Hueber.

Gogolin, I. (2008): *Der monolinguale Habitus der multilingualen Schule*. Münster und New York: Waxmann.

Häfner, M. (2013): When Body and Mind Are Talking. Interoception Moderates Embodied Cognition. In: *Experimental Psychology* 60(4), 255–259.

Handwerker, B./Madlener, K. (2009): *Chunks für DaF. Theoretischer Hintergrund und Prototyp einer multimedialen Lernumgebung*. Baltmannsweiler: Schneider Hohengehren.

Hessky, R./Ettinger, S. (1997): *Deutsche Redewendungen. Ein Wörter- und Übungsbuch für Fortgeschrittene*. Tübingen: Gunter Narr.

Hippe, L. (2011): *Und was kommt jetzt? Szenisches Schreiben in der theaterpädagogischen Praxis*. Weinheim: Deutscher Theaterverlag.

Kramer, M. (2013): *Schule ist Theater. Theatrale Methoden als Grundlage des Unterrichtens*. 2. Aufl. Baltmannsweiler: Schneider Hohengehren.

Krifka, M./Błaszczak, J./Leßmöllmann, A./Meinunger, A./Stiebels, B./Tracy, R./Truckenbrodt, H. (Hrsg.) (2014): *Das mehrsprachige Klassenzimmer. Über die Muttersprachen unserer Schüler*. Berlin: Springer.

Kurtz, J. (2001): *Improvisierendes Sprechen im Fremdsprachenunterricht. Eine Untersuchung zur Entwicklung spontansprachlicher Kompetenz in der Zielsprache*. Tübingen: Narr.

Leitzke-Ungerer, E. (2017): Bewegter Unterricht. In: Surkamp, C. (Hrsg.): *Metzler Lexikon Fremdsprachendidaktik*. Stuttgart: Metzler, 19–20 (2. Auflage).

Macedonia, M. (2014): Bringing back the body into the mind: Gestures enhance word learning in foreign language. In: *Frontiers in Psychology* 1467, 1–6.

Maier, J. (2013): Im Leerlauf-Modus. In: *Gehirn und Geist Highlights* 1, 22–25.

Nedergaard, M./Goldman, S. A. (2018): Drainage. Nächtliche Gehirnwäsche. In: *Spektrum des Wissenschaft Spezial* 1, 22–27.

Oleschko, S. (2017) (Hrsg.): *Sprachsensibles Unterrichten fördern. Angebote für den Vorbereitungsdienst.* LaKi NRW. Online verfügbar unter https://www.stiftung-mercator.de/media/downloads/3_Publikationen/ 2017/Dezember/Sprachsensibles_Unterrichten_foerdern/Buch_Sprachsensibles-Unterrichten-foerdern.pdf (zuletzt geprüft am 24.10.2018)

Olsnitz, D. (2014): Bremser, Blender, Blutsauger – Wie kann Teamarbeit gelingen? In: *Forschung & Lehre* 2, 132–133.

Petillon, H. (2000): *1000 Spiele für die Grundschule – Von Adlerauge bis Zauberbaum.* Weinheim: Beltz, S. 8.

Plath, M. (2014): *Partizipativer Theaterunterricht mit Jugendlichen. Praxisnah neue Perspektiven entwickeln.* Weinheim: Beltz.

Plath, M. (2009): *Biografisches Theater in der Schule. Mit Jugendlichen inszenieren: Darstellendes Spiel in der Sekundarstufe.* Weinheim: Beltz.

Pulvermüller, F. (2016), in: Böttger, H./Sambanis, M. (Hrsg.): *Focus on Evidence – Fremdsprachendidaktik trifft Neurowissenschaften.* Tübingen: Narr, S. 77–102.

Rachow, A./Sauer, J. (2015): *Der Flipchart-Coach. Profi-Tipps zum Visualisieren und Präsentieren am Flipchart.* 2., aktualisierte Aufl. Bonn: managerSeminare-Verl.

Sachser, D. (2009): *Theaterspielflow. Über die Freude als Basis schöpferischen Theaterschaffens.* Berlin: Alexander Verlag.

Sambanis, M. (2013): *Fremdsprachenunterricht und Neurowissenschaften.* Tübingen: Narr.

Schewe, M./Woodhouse, F. (2018): Performative Foreign Language Didactics in Progress: About Still Images and the Teacher as 'Formmeister' (Form Master). In: *Scenario* 2018 (01), 53–69. Online verfügbar unter http://research.ucc.ie/scenario/2018/01/ScheweWoodhouse/04/en, zuletzt geprüft am 24.10.2018.

Seibold, B. (2018): *Visualisieren leicht gemacht. Talentfrei Zeichnen lernen und professionelle Flipcharts erstellen.* 7. Auflage. Offenbach: GABAL (Whitebooks).

Sosic-Vasic, Z./Hille, K./Kröner, J./Spitzer, M./Kornmeier, J. (2018): When Learning Disturbs Memory – Temporal Profile of Retroactive Interference of Learning on Memory Formation. In: *Frontiers in Psychology* 9. 82.

Vlcek, R. (2003): *Workshop Improvisationstheater. Übungs- und Spielesammlung für Theaterarbeit, Ausdrucksfindung und Gruppenarbeit.* Donauwörth: Auer.

Vogler, C. (2010): *Die Odyssee des Drehbuchschreibers. Über die mythologischen Grundmuster des amerikanischen Erfolgskinos.* Aus dem Amerikanischen von Frank Kuhnke. 6., aktualisierte und erweiterte Auflage. Frankfurt am Main: Zweitausendeins.

Walter, M. (2019): Mit Helden reisen. Oder wie viel Ästhetik verträgt der Fremdsprachenunterricht? In: Schmenk, B.; Even, S./Miladinovic, D. (Hrsg.): *Lernbewegungen inszenieren: Performative Zugänge in der Sprach-, Literatur- und Kulturdidaktik.* Tübingen: Narr, 81–95.

Walter, M (2016): Theater im Deutschunterricht: Von der Sache mit den Tieren zu lebenden Bildern. In: *Deutsch aktuell. Fachzeitzeitschrift für DaF, DaM, DaZ und CLIL.* Aus der Theorie und Praxis des Deutschunterrichts in Rumänien (28), 30–33.

Walter, M. (2014): Mit Worten Räume bauen: Improvisationstheater und szenische Wortschatzvermittlung. In: Bernstein, N./Lerchner, C. (Hrsg.): *Ästhetisches Lernen im DaF-/ DaZ-Unterricht. Literatur – Theater – Bildende Kunst – Musik – Film.* Göttingen: Universitätsverlag Göttingen, 233–247.

Walter, M. (2012): Theater in der Fremdsprachenvermittlung. In: Nix, C./Sachser, D./Streisand, M. (Hrsg.): *Theaterpädagogik.* Berlin: Theater der Zeit, 182–188.

Walter, M. (2011): Prosa in Szene setzen – Generation X trifft Generation Harry Potter. In: Küppers, A./ Schmidt, T./Walter, M. (Hrsg.): *Inszenierungen im Fremdsprachenunterricht. Grundlagen, Formen, Perspektiven.* Braunschweig: Schroedel; Diesterweg; Klinkhardt, 117–130.

Zimmer, R. (2018): *Handbuch Sprache und Bewegung. Alltagsintegrierte Sprachbildung in der Kita.* Berlin: Herder.